后浪出版公司

自行车的物理学

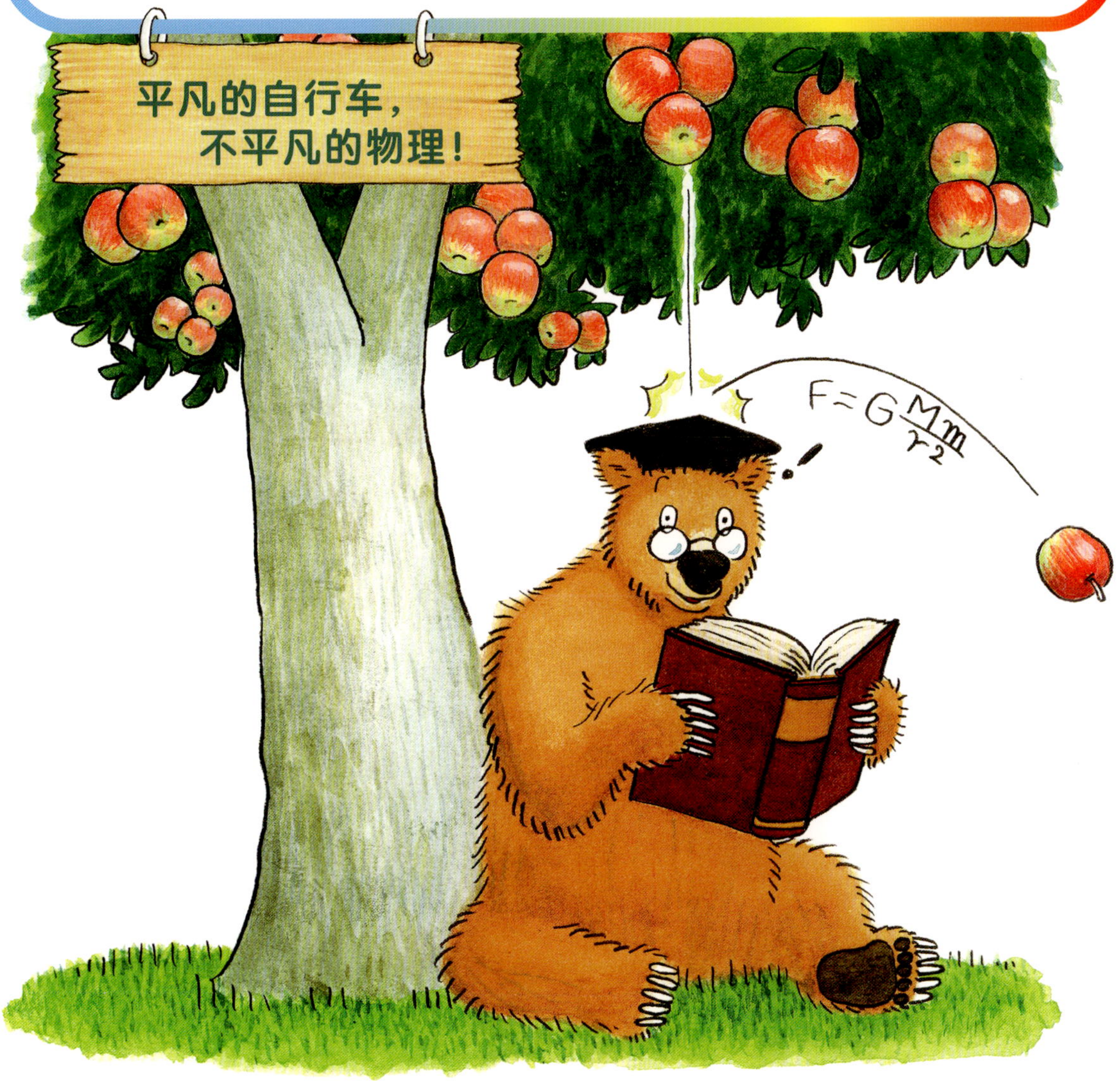

平凡的自行车，
不平凡的物理！

[日] 大井喜久夫 大井操 铃木康平 著
[日] 板谷聪 图
高远 蒋莉 译

自行车的物理学●目录

第2章 骑自行车

第5章　自行车的运动与能量

第6章 能量的神奇之处

作用于自行车的“力”的秘密

正在阅读本书的你是什么时候学会骑自行车的呢？骑三轮车虽然十分简单，但是骑自行车就未必能马上学会。第一次能够骑好自行车的时候，是不是有一种成功的喜悦洋溢在你的心头呢？

要自如地骑自行车，必须要用整个身体取得平衡。大家为了尽快学会骑自行车，想必也是跌倒了若干回，进行了刻苦练习的吧？虽然骑自行车这项技术并非那么容易掌握，但是一旦学会了骑自行车，练习时的种种艰辛都会被大家慢慢忘却。

大家有没有想过，为什么骑自行车时不会摔倒？这其中必然有原因。

虽然肉眼观察不到，但其实有许许多多的力都作用在骑行中的自行车上。这些力使得自行车前进或停止。不光是这些，还有使得有倾倒趋势的自行车摆正方向的力在起作用。

力存在于自行车和周围物体之间，存在于各个零部件之间，可以说无处不在。

作用于自行车的主要的力

※红色的箭头是力的作用方向

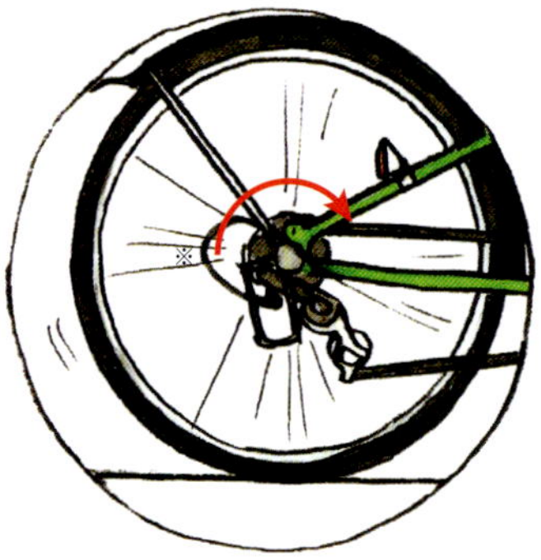

车轮转动的力

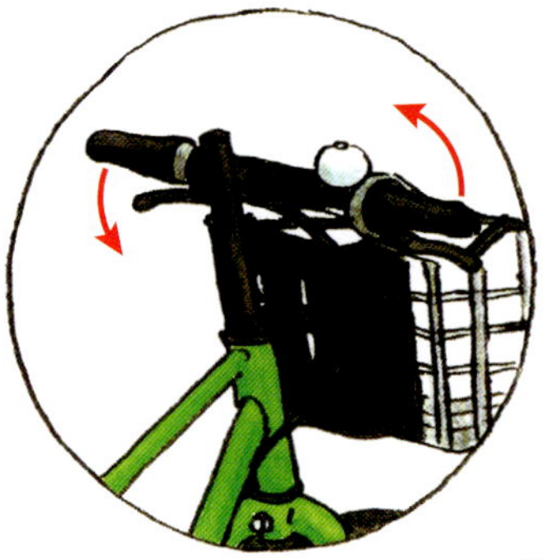

把手转动的力

如果将把手向相反方向转动，在力的作用下，左手侧把手向后，右手侧把手朝前。

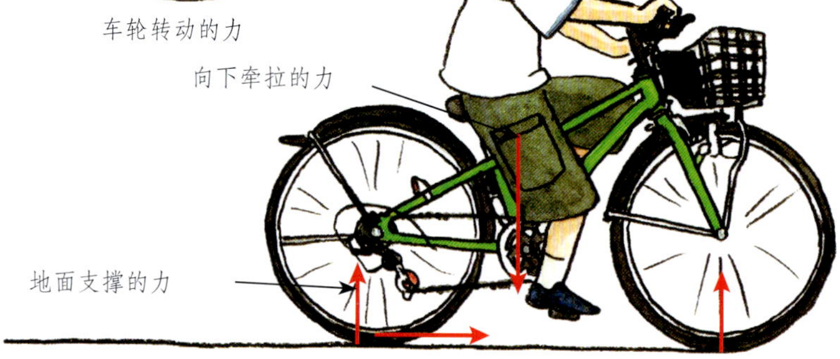

向下牵拉的力
地面支撑的力
前进的力
地面支撑的力

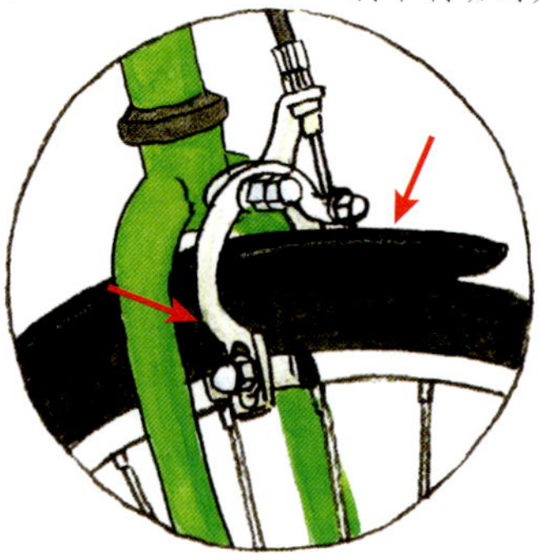

刹车制动的力

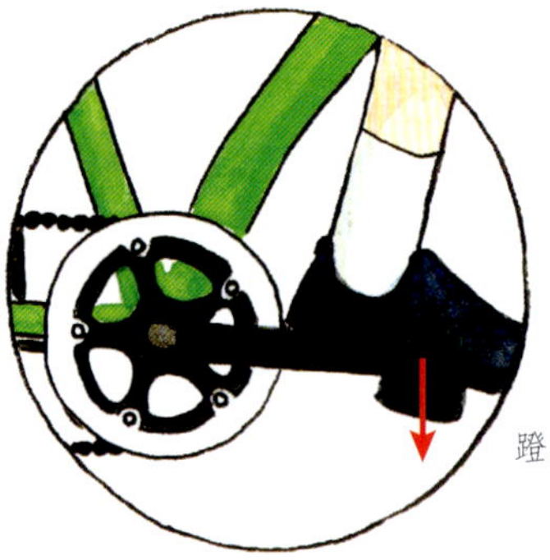

蹬脚踏板的力

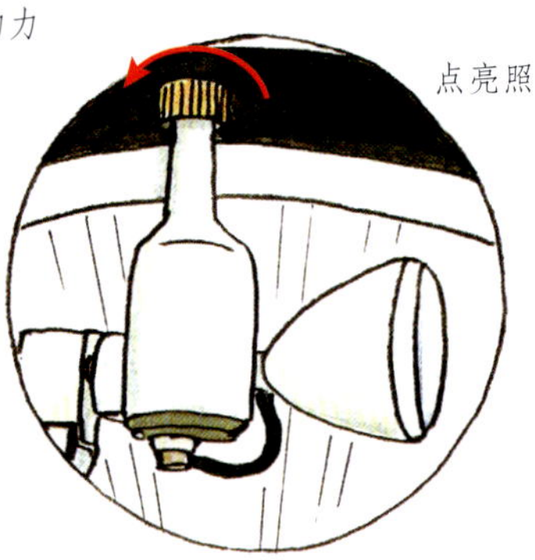

点亮照明灯的力

不仅仅是自行车，研究力作用于物体时，该物体在这个力的影响下会做何种运动的学科就是“力学”。它属于物理学这门学科（科学）的一个分支。肉眼所不能见的力到底作用在何处？为什么会有这些力产生？——本书将会以自行车的运动作为切入点，由我（大熊博士）和我的搭档健太一起探究“力的奥秘”。

健太

大家都叫我大熊博士。我最喜欢自行车了。让我们一起探究自行车的奥秘吧！

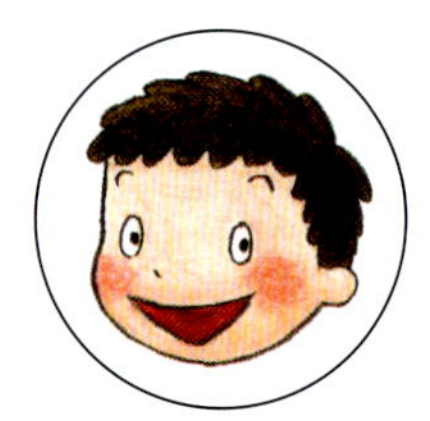

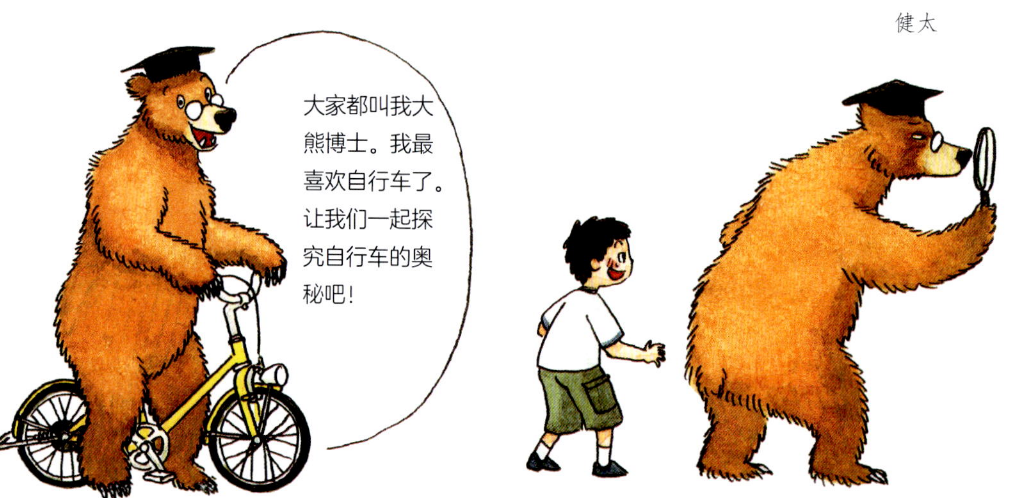

第0章

作用于自行车的“力”有哪些？

我们的身边有许许多多的“力”在起作用。“力”让静止的物体动起来，让运动的物体停下来，使得物体的形状变化，作用十分广泛。为我们照亮黑暗的光也是由“力”产生的。本书以我们身边的自行车为例，介绍哪种力以怎样的形式起作用。加深对自行车的了解，我们就能更好地明白周围正在起作用的“力”。

运动时不会倾倒

三轮车和四轮的汽车，静止时不会倾倒。但是独轮车和两轮的自行车、摩托车不在运动状态时就会倾倒。换句话说就是，静止时会倾倒，运动时不会倾倒。

陀螺效应

位于陀螺中心的轴很细，不能直接立于平面，但一旦旋转起来，就会持续旋转一段时间而不倾倒。像这样物体自我旋转（自转运动）时，保持自身旋转方向的现象被称为“陀螺效应”。

自行车不倾倒的缘由

运动中的自行车不会倾倒的原因之一是刚刚提到的“陀螺效应”。但这只是一小部分。简单地说就是自行车运动时，“使其不倒的力”在起作用。▶ 第 46、75 页

陀螺不能直接竖立起来。但是可以借助外力转动，依靠“陀螺效应”保持直立，维持一段时间的旋转。

※力在英语中写作“Force”。

地球对物体具有吸引力

让我们试着将足球放在斜坡上。球最初缓慢地滚动，然后滚动速度渐渐加快。这是因为球受到来自地球的吸引“力”作用。

吸引力和重量

地球上所有物体都受到万有引力的吸引作用。我们身边的任何物体之间也都存在着相互作用的引力。重型物体被较大的力所吸引，轻型物体被较小的力所吸引。而且，因为地球上不存在比地球本身还重还大的物体，所以最终来看，任何物体都被地球所吸引。

地球上的任何物品都拥有“重量”。“重量”的概念就是“物体受地球万有引力大小的度量”。▶第 24 页

●地球吸引万物

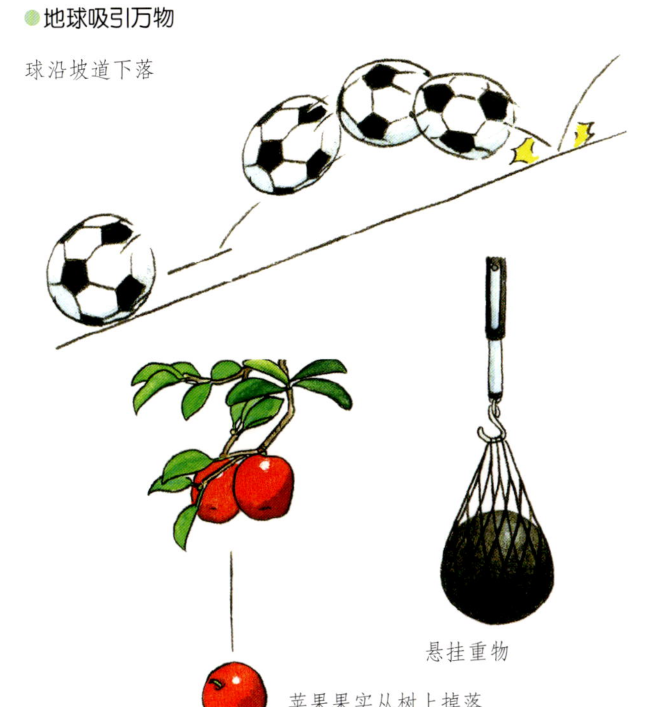

上坡和下坡

骑自行车上坡时，会感觉脚踏板很沉重。这是因为受地球引力影响，自行车同时受到向上骑行的力和反方向的力（向坡下滑的方向）牵引。这时为克服这些力，必须持续用力蹬脚踏板，对自行车施加更大的力。与之相对，下坡时受地球向下的吸引力影响，此时不踩脚踏板也可以轻松前行。▶第 35、56 页

快速而又轻松地前行

使用骑自行车的方式能比步行更快、更轻松地去到更远的地方。其秘密之一是运用了“杠杆原理”，杠杆可以将较小的力变为较大的力，将较小的运动变为较大的运动。

刚骑上自行车时必须要集中力量蹬脚踏板。而且，只要对开始行驶的自行车施加一点点力，就能使其速度提升。自行车车轮的设计便于转动，很省力。自行车就是利用了齿轮运动，依靠杠杆原理将脚踏板旋转一次的力变为车轮旋转几次的力。▶第 54、66 页

人使出走 1 步的力气只能前进 1 步

跨这么大一步是不现实的……

人在行走时，花费迈出 1 步的力气就只能前进 1 步的距离。如果我们的腿能够自由伸长，就能以超大跨步前进，但这是不现实的。

每踩 1 次自行车的脚踏板，可以前进很长的一段距离。

蹬自行车脚踏板的力通过链条传导至后轮，成为前进力。此时，脚踏板旋转 1 次的力，通过齿轮运动变成了使后轮旋转多次的力。

杠杆中被施加力的位置有“支点”“动力点”“阻力点”3 处。根据它们各自的位置关系，可以使较小的力变为较大的力，较小的运动变为较大的运动。▶第 66 页

● 将力变大

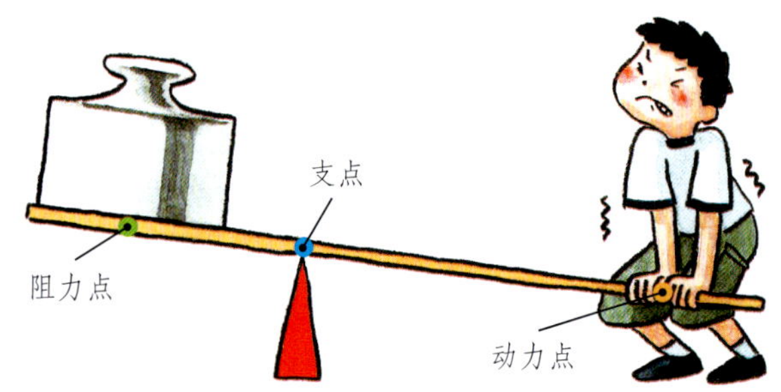

比起将支点和阻力点距离延长，将支点和动力点的距离延长的话，就可以用很小的力将位于阻力点的重物撬动。

● 使得物体做出更大的运动

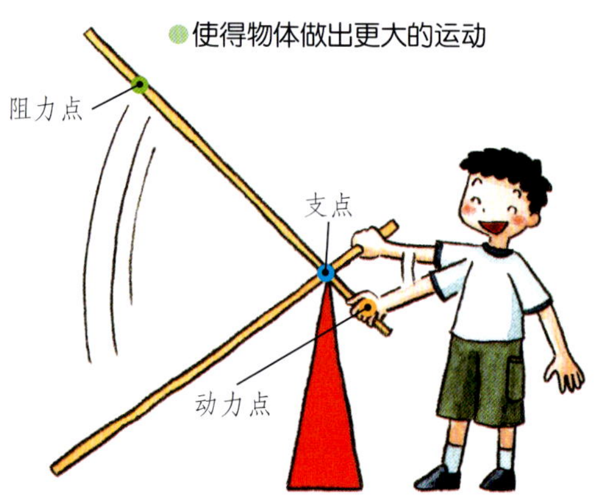

如果将支点和动力点的距离变短，虽然需要耗费更大的力，但可以使得位于阻力点的物体做出更大的运动。

力与运动

行驶中的自行车在进行着各种各样的“运动”。运动速度、方向的改变是对自行车施加各种力的结果。都有哪些力呢?

人对自行车施加的力及其相应的运动

骑自行车时，人需要向自行车施加各种各样的力，自行车利用这些力进行着各种各样的运动。总结后可以列出以下几种。

蹬脚踏板 ▶ 第 42 页

脚踏板依靠人的“力”而转动。蹬脚踏板可以向自行车传导使车轮快速旋转的“力”，然后自行车就可以载着人快速行驶。

开始前进 ▶ 第 32 页

依靠“力”启动并行驶的自行车，可以在随后一段时间里不施加力而保持继续行驶的状态。

转动把手 ▶ 第 68 页

转动把手也是依靠人的“力”。自行车的前轮转动会改变前进方向。

保持平衡 ▶ 第 36 页

骑车时保持平衡还是依靠人的“力”。为了保证自行车不倾斜摔倒，人必须牵引住车体。

按刹车 ▶ 第 69 页

按刹车也是依靠人的“力”。自行车刹车的原理是停止车轮转动，轮胎向地面施力后使得行驶停止。

人和自行车所承受的力和运动

自行车转动之后就受到很多力的影响。比如行驶时受到风力影响，轮胎和地面的摩擦力影响等等。阻碍自行车前进的力都被称为“阻力”,有“摩擦阻力”“滚动阻力”“空气阻力”3 种。

▶ 第 100 页

阻力是阻碍自行车前进的力。当前进的力比阻力还小时，自行车就会停止行驶。

※在日语中，阻力的首字为“te”，即“て”。

能量是力的来源

力能使物体运动起来。而力发挥作用时能使能量变化。能量变换着形式，在物体间传导，作为运动的必备条件而被使用。

可被传导的能量

物体运动必须具备能量。比如汽车和飞机、船、电车等交通工具，几乎都是使用石油作为能源。将石油点燃（使其爆炸）、变为电能或其他种类的能量，利用这一过程中产生的力进行运动。

自行车依靠骑车人体内储藏的能量而运动。这些能量来源于各种食物。

许许多多的食物成了人体的能量来源

动能和势能

被传导至自行车的能量有“动能”和“重力势能”两种。动能是所有运动（做出动作）的物体所具有的能量，速度变快就随之加大，速度变缓就随之变小。重力势能是被置于高处的物体具有的能量，重量相同的两辆自行车，位于更高处的那辆势能更大。▶第 95 页

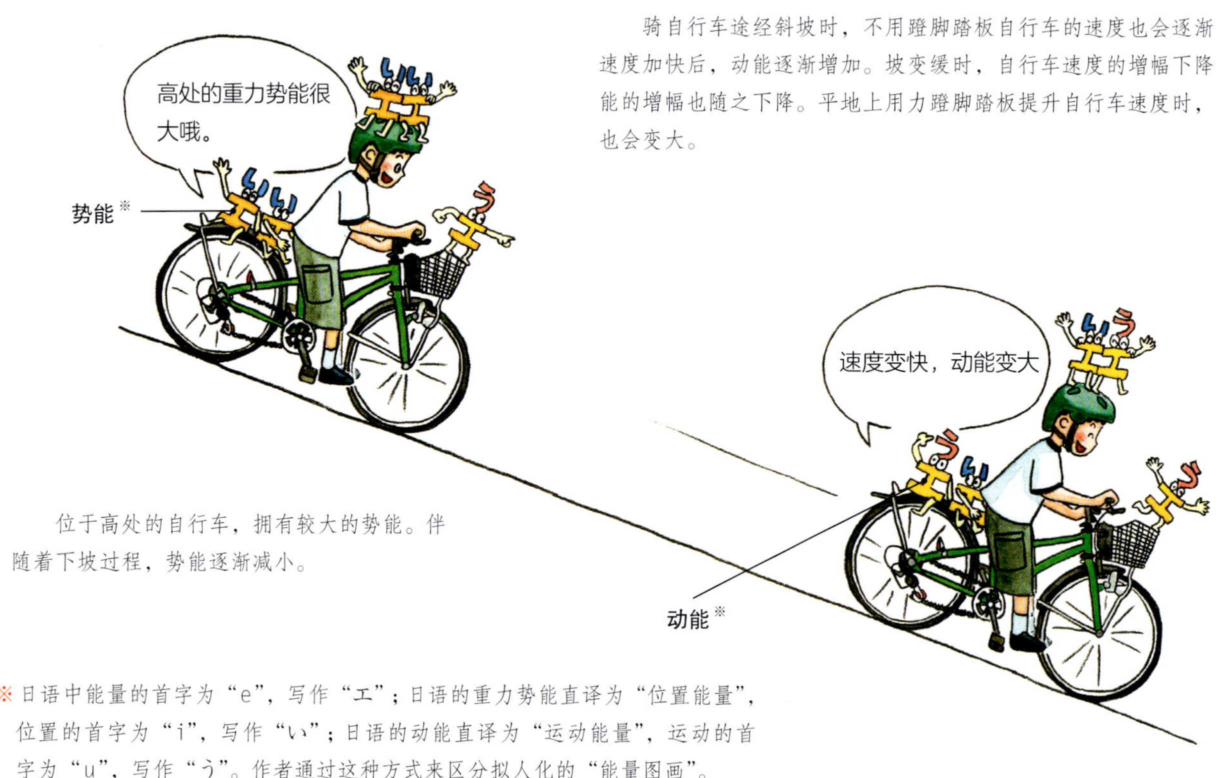

骑自行车途经斜坡时，不用蹬脚踏板自行车的速度也会逐渐加快。速度加快后，动能逐渐增加。坡变缓时，自行车速度的增幅下降，动能的增幅也随之下降。平地上用力蹬脚踏板提升自行车速度时，动能也会变大。

位于高处的自行车，拥有较大的势能。伴随着下坡过程，势能逐渐减小。

※日语中能量的首字为“e”，写作“エ”；日语的重力势能直译为“位置能量”，位置的首字为“i”，写作“い”；日语的动能直译为“运动能量”，运动的首字为“u”，写作“う”。作者通过这种方式来区分拟人化的“能量图画”。

第1章

量化自行车

首先让我们从测量自行车的尺寸和重量开始吧。根据使用者身体的大小和使用目的，自行车的形状和尺寸各不相同，但是对其零件了解后可以发现，很多造型各异的自行车都采用了同尺寸的零件。另外，无论哪种自行车，车体的后侧（后轮侧）都会比前侧（前轮侧）重。可以说，为了便于零件更换，保持行驶平稳，自行车的形状和零件设计都蕴含着设计者的一番心血。

测量自行车的尺寸

你的自行车有多高？车轮直径是多少厘米？让我们在这章的一开始先丈量一下自行车的尺寸吧。实际上，自行车零件的大小，是由很多因素决定的。

这就是我的自行车

虽然拥有同样的名字，但是自行车的尺寸和形状却各不相同。为了迎合骑乘者的身体大小、使用目的，各厂商制造出了许多造型各异的自行车。这里就先来介绍一下我的自行车吧。它由许多种零部件组合而成。

测量长度的工具

学校使用的三角板、笔直的直尺、具直角的直角尺、可折叠重合的折尺、可以卷曲收起的卷尺等等，这些各式的工具都可以用来测量长度。测量自行车的长度时，用哪个最方便呢？

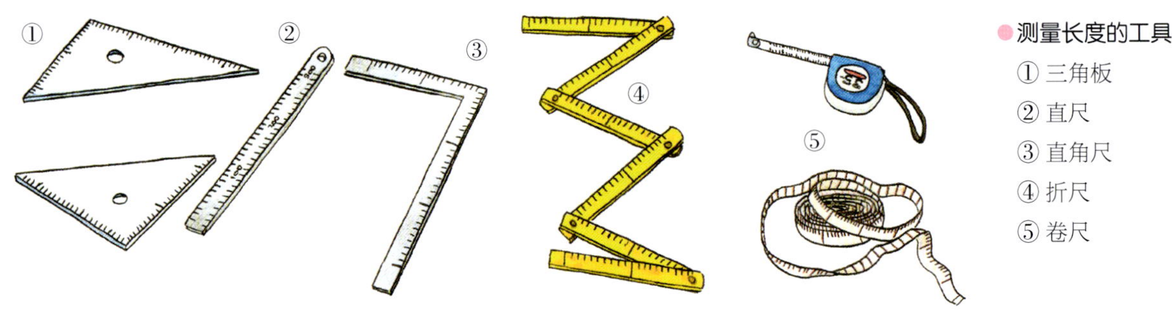

●测量长度的工具
① 三角板
② 直尺
③ 直角尺
④ 折尺
⑤ 卷尺

测量直线部分

试着用卷尺测量自行车的各个部位吧。

测量后的数据如下：

① 前轮最前端至后轮最末端　161 厘米

② 前轮和后轮的中心距离　98 厘米

③ 地面至车把手的高度　83 厘米

④ 地面到坐垫的高度　65 厘米

⑤ 车轮的直径　61 厘米

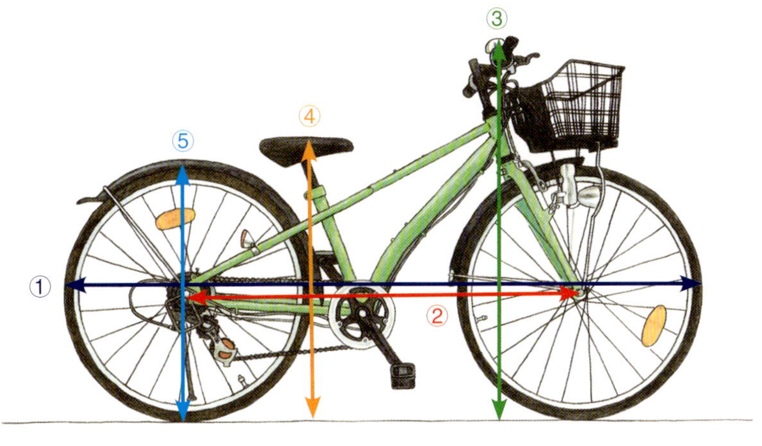

我的身高是 134 厘米。为了坐在坐垫上时两脚可以触及地面，我需要调整坐垫的高度。

丈量弯曲部分

这个环节是要测量弯曲部分的数据。由于一个人很难完成，我们请来了大熊博士帮忙。

● 测量车轮的周长

1 对车轮与地面都做上标记，确认两者的标记位置重合后，缓缓地推着车轮笔直前进。

2 车轮转完一圈后，其上标记会再次接触到地面，测量地面最初位置到此处的长度。

车轮旋转一圈的长度大约有 190 厘米，比车轮直径的 3 倍还要长。对直径不同的车轮进行测量后可以发现，车轮旋转一圈的长度大约都是其直径的 3 倍。

车轮转一圈的长度（圆周与圆周率）

圆的周长就是圆周。自行车车轮旋转一圈的长度就等于车轮的圆周长。圆周除以直径等于 3.14……（省略号表示无限不循环小数）。这个小数“3.14……”被称作圆周率。无论多大的圆，其圆周率都是一样的。刚刚测量出的约 190 厘米的长度除以 61 厘米的直径，就约等于 3.1。

标记在轮胎上的奇怪数字

轮胎的侧面，标记有许多数字。这些数字，表示了轮胎的大小、标准的气压（轮胎中能充入多少空气）。

右图中展示了我的自行车轮胎表面的情况。上面写着“24×1⅜（37−540）”。最左边的数字是以英寸（in）为单位的计量数据，括号内的是毫米（mm）。

“300kPa”（“kPa”读作“千帕斯卡”），表示内胎里的标准空气压。

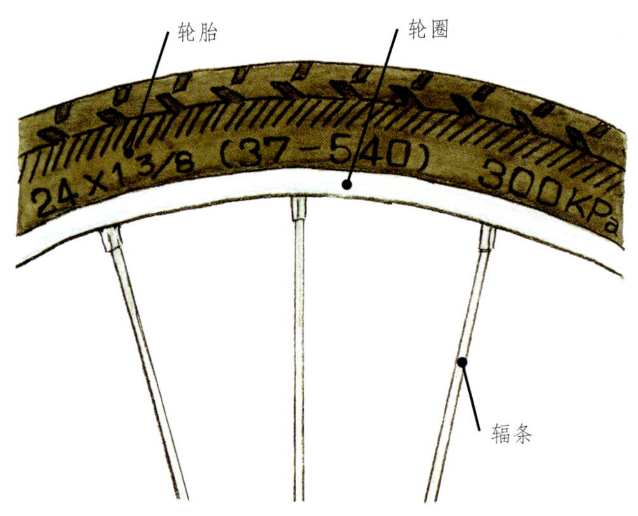

日本通常使用轮胎直径（英寸）表示自行车的型号（大小），并作命名基准使用。比如“24型自行车”就代表轮胎直径为24英寸的自行车。

轮胎的“标称尺寸”和标准的气压

轮胎的内胎大小需考虑到量产和更换的难易程度，并按照世界通用规格（尺寸）来确定。这被称为“标称尺寸”，既有以英寸表示的数据，也有以毫米表示的数据。

英寸（in）表示

英寸表示的标称尺寸在数字之间夹有乘号“×”。比如上文提到的“24×1⅜（37−540）”表示轮胎直径为24英寸，厚度为1⅜英寸（即1.375英寸）。厚度也有不以复分数形式，而使用小数形式标注的情况。（1英寸约等于25.4毫米）

毫米（mm）表示

两个数字之间夹有符号“−”。与英寸表示不同的是，前面的数字表示轮胎的厚度，后面的数字不是指轮胎的直径，而是轮圈的直径。

轮胎的气压

轮胎除了标记“标称尺寸”，还标记了标准的（最适合的）气压。我们周围的气压（大气压）为地面的1个大气压（大约为1013百帕斯卡=1013hPa），相当于“101.3千帕斯卡=101.3kPa”（千为1000倍，百为100倍的意思）。轮胎上常见的“300kPa”就表示车胎中能够充入的空气会使胎内气压达到标准大气压的3倍，即3个大气压。▶第24页

计算其实很简单，自行车车胎的气压，将1个大气压当作1000hPa=100kPa再作计算就可以了。

与家中的其他自行车比较

在此我来介绍一下我们一家人正在骑的自行车。这么罗列出来后，大家就能充分了解到许多种类的自行车了。

弟弟的自行车，是我以前骑过的。现在再看这辆自行车，总感觉特别小。轮胎上标记有“16×2.125”，所以属于16型，轮胎直径为40.6厘米。车胎厚度为5.4厘米。坐垫高为49厘米，正适合个头尚且不高的弟弟。

妈妈的自行车前轮和后轮的轮胎尺寸不同。前轮为24型，后轮为26型。前轮较小是因为后轮上方装有儿童保险座。妈妈身高为159厘米，坐垫的高度为78厘米。

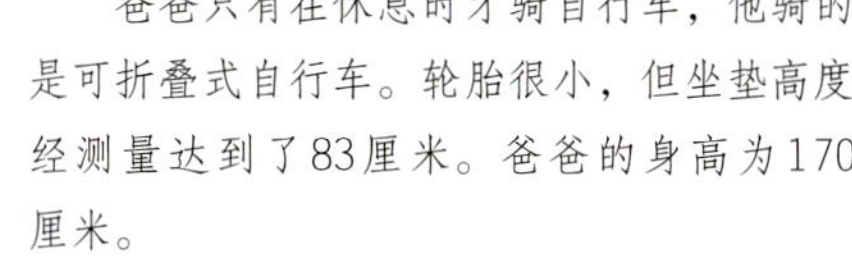

爸爸只有在休息时才骑自行车，他骑的是可折叠式自行车。轮胎很小，但坐垫高度经测量达到了83厘米。爸爸的身高为170厘米。

姐姐的身高为160厘米。她所骑的当然是成人用的自行车。从“$26 \times 1\frac{3}{8}$（37-590）”的车胎数据可知这辆自行车为26型。轮胎直径约66厘米，坐垫高度为80厘米。

妹妹还没有真正属于自己的自行车。她现在骑的玩具自行车并不带脚踏板，而是靠双脚蹬地前进玩耍。

使用游标卡尺，进行更精确的测量

我还想测量一下自行车细小部分的尺寸，所以从爸爸那里拿来了游标卡尺这种工具，对厚度进行测量。尺身部分刻有从 0 到 1 毫米的精确刻度。不仅可以用来测量管道的粗细（外径），还可以测量诸如塑料瓶瓶盖的内侧直径（内径）。

●游标卡尺的构造

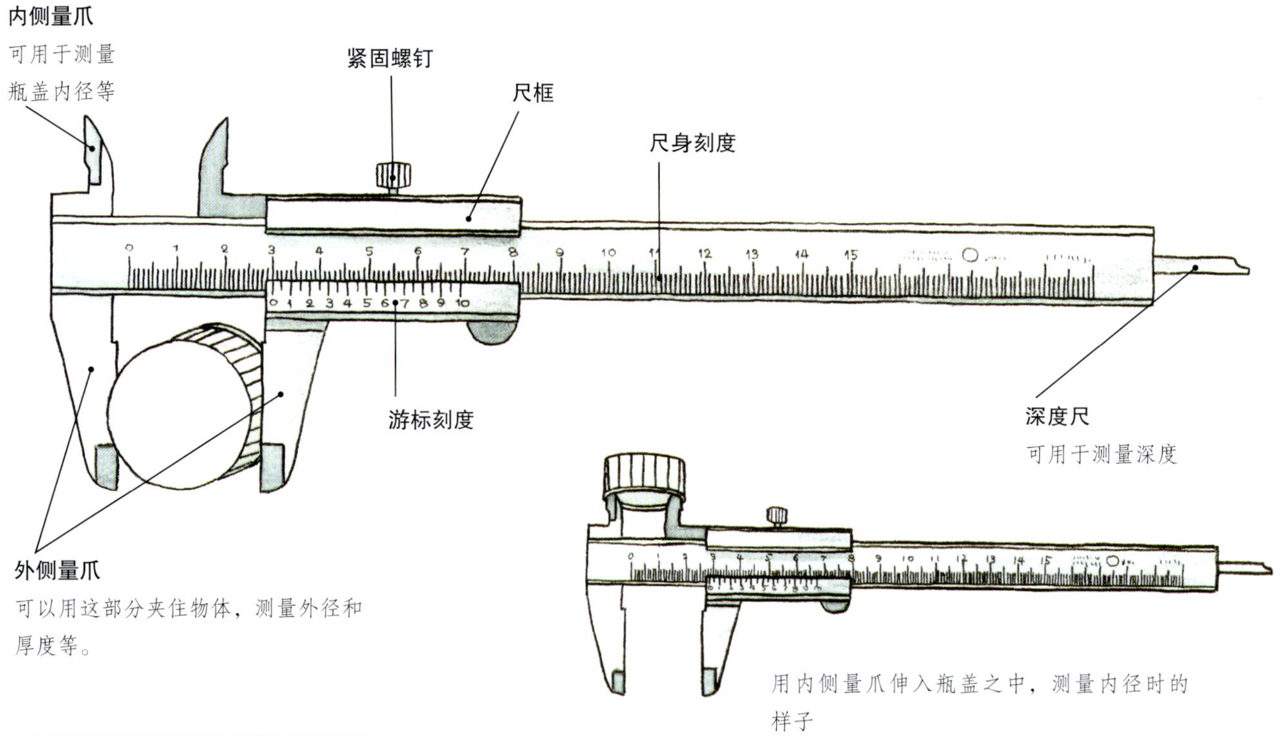

用内侧量爪伸入瓶盖之中，测量内径时的样子

游标卡尺的使用方法

游标卡尺不仅拥有像学校中广为使用的直尺那样的以 1 毫米为单位的尺身刻度，还拥有以 0.1 毫米为单位的游标刻度。

松开位于刻有游标刻度的尺框上的紧固螺钉，使尺框可以移动，将需要测量的物体放入下方突起部分之间（外侧量爪），轻轻夹住。在刚好夹住的状态下锁紧紧固螺钉，读取尺寸数值。

测量管道等物体内径时，将上方突起的部分（内侧量爪）放入管道中，使之张开以吻合内径的长度。此时，内侧量爪与待测量物体的面呈直角。

测量深度时，将棒（深度尺）伸入物体内直至触及其底面。

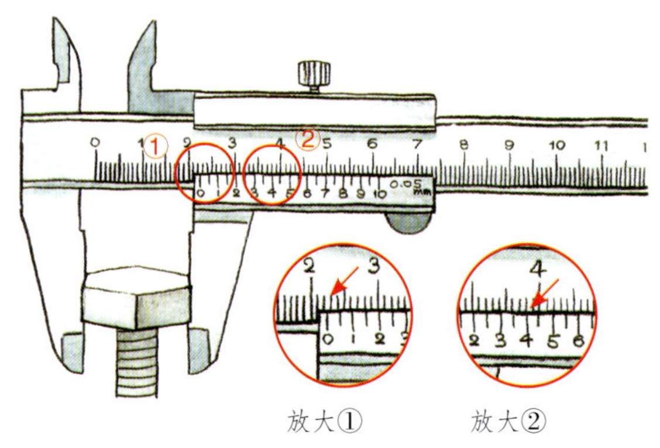

尺身刻度和游标刻度的线一致时读取测量数值。

读取刻度的方法如下所示。

比如游标刻度的0对准的是尺身刻度的22与23之间，表面测量物体的尺寸在22毫米到23毫米之间。（①）。然后读取尺身刻度与游标刻度线一致时的游标刻度（②）。如果该刻度指向4，表明该物体的具体尺寸为22.4毫米。

测量把手把立（把手的轴）的直径

把立位于把手正中心，是将作用于把手的笔直前行、改变方向等操作效果传导至下方前叉的零件。

用游标卡尺测量连接我的自行车前叉的把立，其直径为 22.4 毫米。与我姐姐的自行车把立的直径一样。

测量辐条

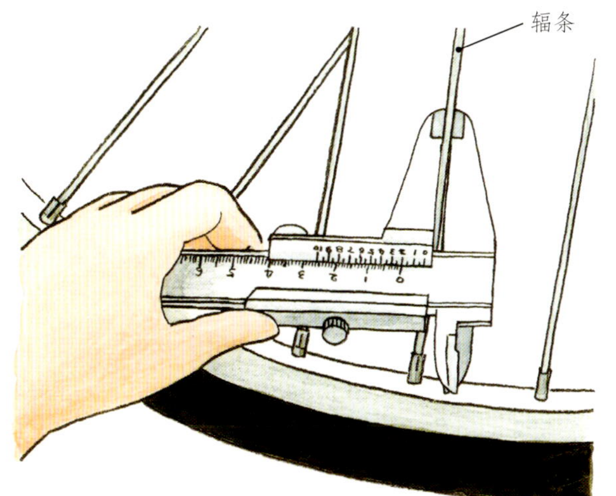

辐条联结着钢圈和车轮中心，起到预防车轮变形的作用。而且可以消解自行车行驶于不平整道路时所受的冲击。

一根一根的细长辐条确实容易折断，但是大量使用辐条的话，其强度会得到提升。

其直径经测量为 2.0 毫米。这也和姐姐的自行车辐条直径一样。

不仅是轮胎，为了便于自行车的各种零件更换，人们制定了相关的规格标准（尺寸）。这不只是日本，而是全世界通用的规格，比如外国产的自行车某零件损坏了，用日本产的零件就可以轻而易举地完成修理。

称一称自行车的重量

我试着用家里的体重秤称了一下自行车的重量。因为妈妈的车子前后都装有婴儿保险座（给小孩子坐的椅子）。所以这台自行车最重。

自行车的称重方法

首先，我站在体重秤上称了自己的体重，然后我举起自行车继续站在体重秤上。总重量减去刚才我称出的自己的体重后，就是整台自行车的重量。

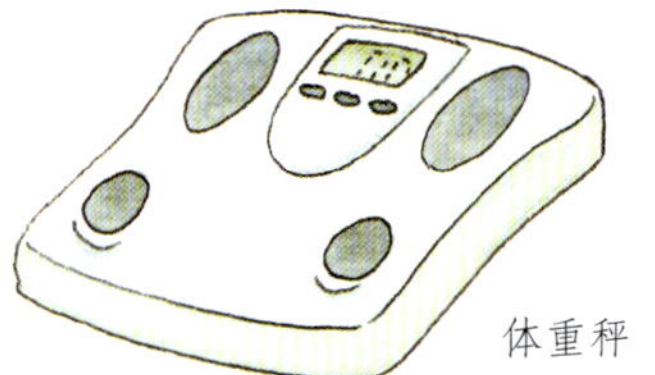

体重秤

在大熊博士的帮助下，我们一起完成了大家自行车的称重。我依次举起家里的自行车站在体重秤上，将所得的数值减去我 31.2 千克的体重，计算出了每台自行车的重量。然后，我叫来了爸爸、妈妈、姐姐、弟弟和妹妹，让他们各自称出自己的体重，并与自行车的重量相加。

我做出了汇总表格，下一页还附有柱状图哦。

	自行车的重量	体重	重量合计
爸爸	14.4千克	59.2千克	73.6千克
妈妈	28.0千克	50.2千克	78.2千克
姐姐	18.4千克	48.4千克	66.8千克
我（健太）	15.2千克	31.2千克	46.4千克
弟弟	8.2千克	20.2千克	28.4千克
妹妹		14.6千克	

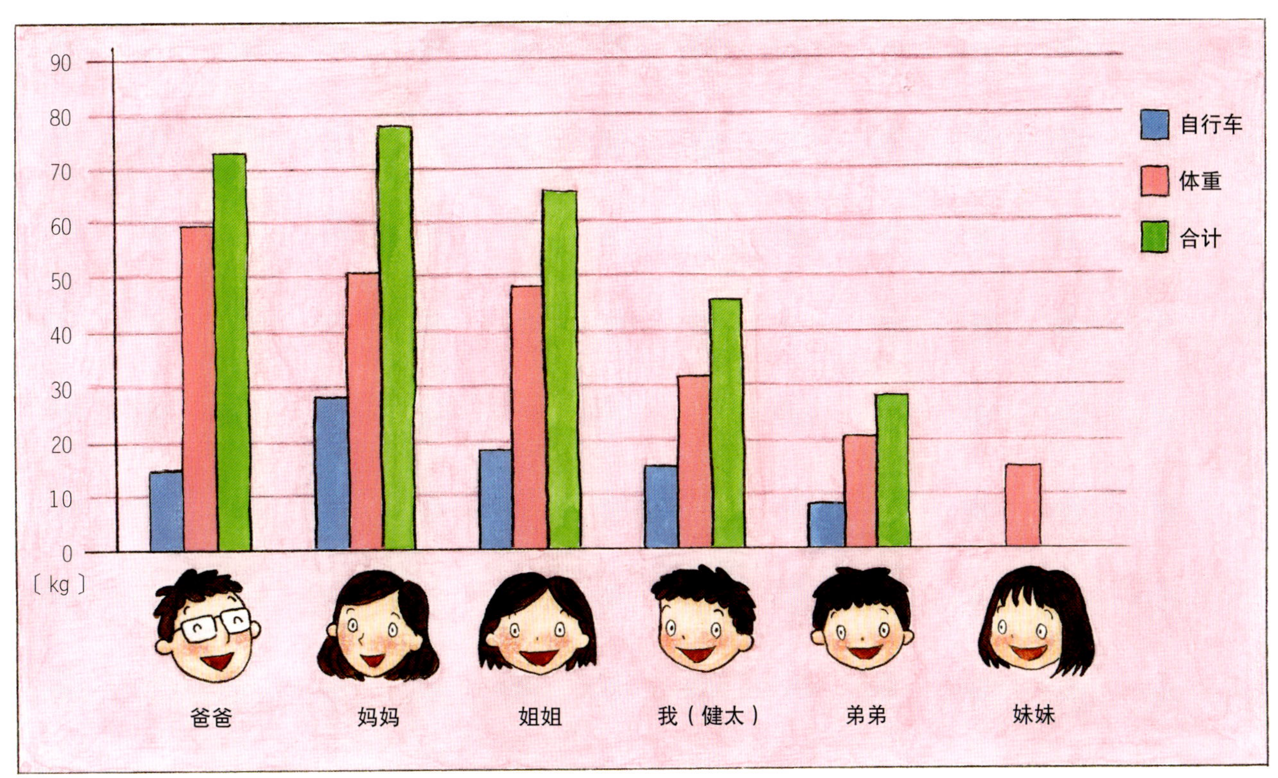

妈妈的自行车特别重。这是因为附带了婴儿保险座。妈妈的体重加上自行车的重量一共是 78.2 千克。如果妹妹再坐上去，加上她的体重 14.6 千克就是 92.8 千克。如果再加上弟弟，那就超过 100 千克了，妈妈吃得消这么大的重量吗？

比较自行车前后部分的重量

为了弄清自行车前轮和后轮重量有无差别，我就用我的自行车当试验品吧。为使前后车轮高度相同，我们还特意找来了木板进行调整。因为没有使用脚撑，所以称重时需要用手轻轻扶着车身。最终结果是，前轮重量为 7.2 千克，后轮为 9 千克。将二者相加即为 16.2 千克。不论分开测量还是一起测量，合计重量不会变的。

重量与重力

在对家里的自行车称重的过程中，健太似乎对重量也产生了浓厚的兴趣。那就让我（大熊博士）在此解释下“重量”的含义吧。

距今 2000 多年前，希腊哲学家亚里士多德认为物体下落是一种自然现象，而位于同样高度的重物要比轻物下落速度快。这一定律在很长一段时间内被很多人当作理所当然的真理。

伽利略・伽利雷的实验

出生于 1564 年的意大利科学家伽利略・伽利雷对亚里士多德的定律抱有质疑。他为了弄清“重物下落速度真的更快吗”这个问题，在高塔上进行了物体下落的实验。结果发现下落速度与两个球的重量无关，两个一轻一重的球几乎同时落地。

后来伽利略又做了让小球沿斜面沟槽滚下的实验。通过观察从沟槽上滚落的球可以发现，比起刚刚开始滚动的球，下滚过程中速度更快。而下滚结束前的速度比下滚过程中的速度还要快。但小球下滚速度为什么会随着时间推移而加快，在当时仍然是个未解之谜。

该图展示了伽利略・伽利雷在进行小球下滚实验的场景

为什么苹果会从树上掉落？——万有引力定律

1642 年，艾萨克・牛顿在英国出生了，他所处的时代略晚于伽利略。

学生时代的他就酷爱观察日月星辰的变化和动态，时常在脑海中思索“为什么”，并将观察到的内容记录在笔记簿上。

据传，牛顿在庄园里思考问题时有苹果掉落在他的面前，诱导他发现了伟大的定律。但我们无法确定这个说法的真假。

“苹果为什么会掉落呢？”

他设想，“苹果掉落，是不是受到地球吸引呢？”但是，这些位于高处的物体会掉落，为什么月亮和星星却不会坠落呢……越往下想，不明白的地方就越多。

★

1546年出生的第谷·布拉赫进行了长时间的星体观测，留下了非常多的记录资料。

1571年出生于德国的约翰尼斯·开普勒作为第谷的助手，对火星进行了研究。第谷去世后，开普勒将第谷留下的众多观测资料按照各个要素和性质进行分类研究，试图探明这些到底表明了什么，最终他推导出了三条定律。这三条定律被称作“开普勒定律”，它明确了太阳周边行星的轨道及行星在轨道上运行的速度。

★

牛顿不仅对伽利略和开普勒的研究成果进行深入思考，他还继续思考“苹果为什么掉落”的原理，最终推导出了“万有引力定律”。万有引力是指“所有的物体之间都存在着互相吸引的力”。重量大的物体产生的引力更大，而随着物体间距离变远，引力又会变小。如果实际的物体运动都可以用万有引力来解释，那么该定律毫无疑问是正确的。

宇宙中太阳和行星的运动，以及沿着轨道运行的行星速度也符合万有引力定律，这样才可能解释开普勒定律。如果月球没有被地球吸引，月球就不会绕着地球转动，而是远离地球飞往别处。

万有引力定律也是地球表面物体掉落的原因，伽利略试验中球下落的运动原理，都可以用万有引力来解释。

物体会掉落在地面上是因为物体受到地球中心的吸引。地球上所有的物体，都被地球中心方向所吸引。这个吸引力被称为“重力”，“重量”就是人感觉到了被地球吸引的“重力”。

在圆圆的地球上，无论去哪儿地面都在脚下。无论在哪儿，物体都会掉落在地面上（地球的中心）。

地球当然也吸引着自行车和健太。地球与自行车之间、地球与健太之间，都有万有引力定律在起作用。我们可以通过自行车15.2千克的重量、健太31.2千克的体重去感知地球的引力（重力）。

牛顿在思考“苹果为什么会往下掉落？”

受到地球吸引，建筑和人处在地面上。但鸟类和飞机也还是受地球吸引。

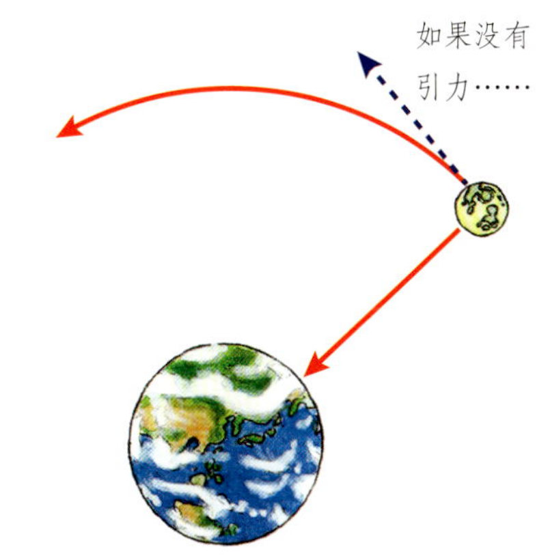

月球受地球吸引绕着地球转动。如果没有引力作用，月球会笔直地飞走。

比较物体的重量和力的大小

“重量”这个词,有“受地球重力吸引”和“质量”两层含义。“质量”就是物体本身拥有的量，在月球也好、在地球也罢，都不会改变。质量为 1 千克的物体，在地球上的重量（重力）也是 1 千克。

① 在一根长棒的中央立起支撑点，在棒的一端悬挂某物体。在棒的另一端取与中央到物体间长度相等的位置施力，物体与手的高低位置相等时，意味着手施加的压力与物体受到的引力相等。

② 有一种称重的工具叫“天平”。其原理就是利用两个物体重量相等来测量重量。通过放置已知具体重量的砝码（秤锤）代替用手施力，与待测量物体在天平上保持平衡（中间指针指向正上方）时，砝码的重量就是待测量物体的重量。

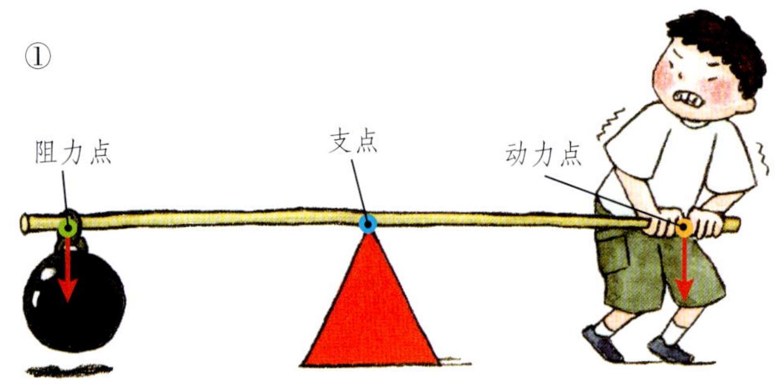

棒中央的支撑部位被称为“支点”。用手施加力的部位为“动力点”。固定物体的部位则为“阻力点”。棒与地面平行时，两边的力处于平衡状态。

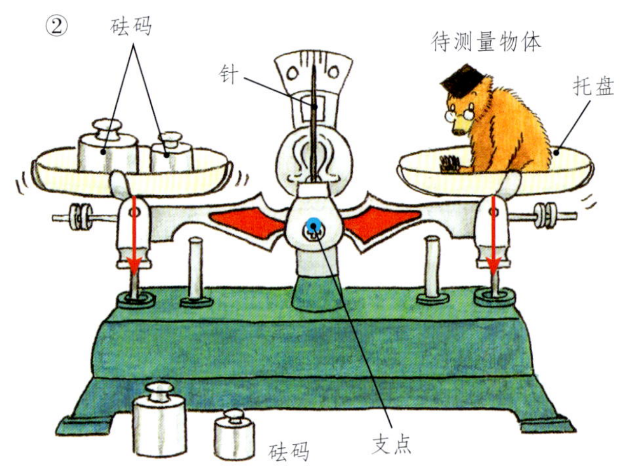

月球的引力要比地球小（大约为六分之一），所以同样的物体在月球上测量会变轻。健太的自行车为15.2千克。如果在月球上使用体重秤测量，计算下来大概只有2.5千克了。

注意，在地球上和月球上称重虽然确实变化了，但并非是物体的质量发生变化。使用天平时，因为自行车和砝码都一样变轻了，所以还是和在和地球测量时一样，放上15.2千克的砝码两边才能达到平衡，天平中间指针才会指向正中。

质量的单位和力的单位

在此介绍的“质量”单位就是“千克（kg）”。与之对应的力的单位是“牛顿（N）”，1 牛顿约等于地球施加在质量 100 克的物体上时的引力。

也就是说，健太的自行车在地球上的重量（质量）为 15.2 千克，相当于地球对健太的自行车施加了 152 牛顿的引力。▶第 86 页

力向量：力的大小和方向的关系

用箭头表示力的大小和方向的话，其中各种关系会更加易懂。箭头的指向表示有力在这个方向上起作用，力的大小用箭头长度表示。像这样，同时表示力的大小和方向的箭头图形，被称作“力向量”。

●力向量的关系

① 下箭头长度为上箭头2倍，力的大小就是后者2倍。

② 力可以多个叠加。如果是同一方向叠加，其总和为一个新的力（名为“合力”）。如果同一方向上有2个同样大小的力叠加，那就形成了2倍大小的力。

③ 如果2个力的方向不同，仍然会组合出新的力（合力）。这个新的力，与上文中力的叠加不同，不会形成总和为2倍大小的力。反而会使其中1个力分为2个力。

④ 两个箭头长度一样，但方向相反时，合力大小为0（想象一下两个力气一样的人拔河时的情景，聪明的你们应该很快就能明白了）。

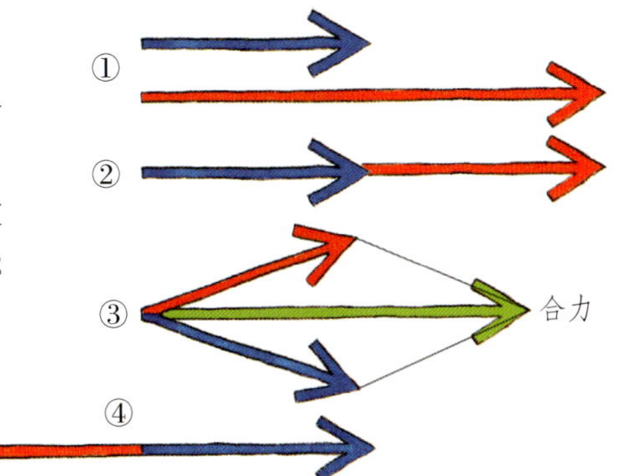

如果一个物体由两个人提起，那此时作用于物体的力有物体自身向下的力（重力）和两个人的提力。刚开始提起物体的提力远远大于物体的重力，所以物体能被提起。而物体保持被提起的状态时，提力和重力达到了平衡。当两个人的提力之和（合力）小于物体重力时，物体就会下落。

红色箭头表示物体的重量（向下的力＝重力），绿色箭头表示提起该物体所必需的力。

两个人提起一个物体时，力的方向是分散的（深蓝的箭头分别指向外侧），需要耗费更大的提力将物体提起（左）。两个人如果靠近一些，提起物体时可以省些力（右）。

接下来还得继续这些复杂繁琐的话题，大家能明白吗？那么，就让我继续有关健太的话题吧。

自行车与重心

涉及物体重量问题时，明确重心的位置最为重要。重心虽然看不见，但是只要知道它的位置，我们就能更好地了解物体倾倒或者前进等动作。

妹妹的小三轮车即便放开把手也不会倾倒，而我的自行车只有两个车轮，一旦放开把手就会立即倾倒。所以，离开自行车的时候，需要支起脚撑保证它不会倾倒。

有至少 3 处部位同时接触地面时，自行车就不会倾倒。单条脚撑支起和自行车前后两个车轮共同构成了自行车与地面的 3 个接触点，另一种情况是以前轮和双支架停车架的左右两个点共同构成自行车与地面的 3 个接触点。

三轮车有3个车轮接触地面，所以不会倾倒。而自行车只有2个车轮，大熊博士必须扶住才能使其保持立起状态。它依靠2个车轮和2只熊掌的支撑。

重心是什么？

重心就是“物体重量的中心”。无论哪个物体，只要拥有重量就有重心。比如，棒球和足球的重心就位于球的正中央。垫板的重心也位于整个平面的正中央。

物体重心下方得到支撑时，物体就会保持稳定。三轮车和有脚撑支起的自行车都是巧妙利用了重心保持车体的平衡。

找到重心的方法

香蕉、胡萝卜、剪刀的重心都在哪呢？怎么样才能找到它们的重心呢？

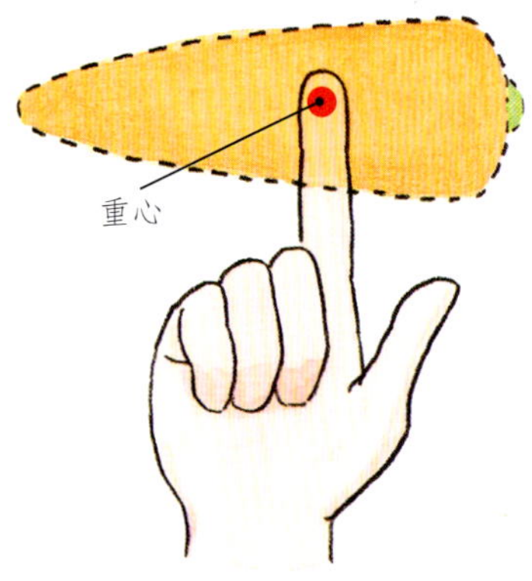

比如将人的食指放在胡萝卜的下方，再将拿着胡萝卜的另一只手迅速放开。如果胡萝卜没有掉落就代表成功找到了！重心就位于手指之上。

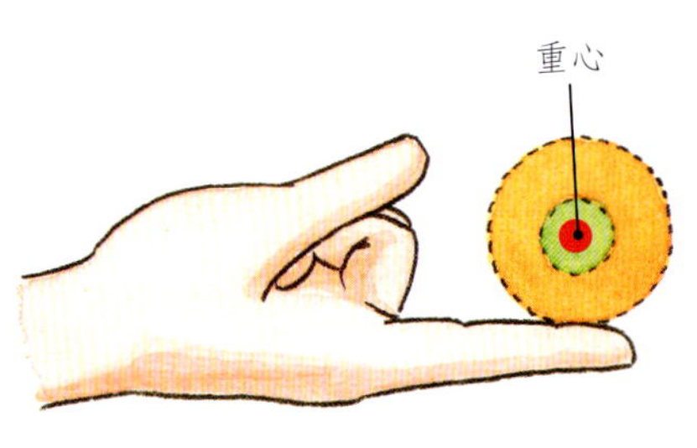

横向观察的情况。红色圆圈部位就是重心。胡萝卜在手指之上保持平衡时，说明重心位于手指上。

寻找自行车的重心

2 个车轮、把手、坐垫、链条……自行车是由许多个零部件组合成的。零部件都各自拥有重量，也同时具备重心。对这些零部件的重量和位置进行调查后，可以计算出一辆自行车的重心大致在，前轮和后轮正中略偏向后轮的位置（还记得吗，我和大熊博士一起测量过自行车前后部位的重量，发现后轮侧比前轮侧更重▶第 23 页）。另外，人骑上自行车后会使整体高度变高，重心随之上移至较高位置。

自行车的重心，略偏后于两个车轮的中央位置。

单条脚撑型的自行车在支起脚撑时，前轮、后轮、脚撑3处与地面接触。自行车保持平衡时，重心就投影在正下方、这3处结成的三角形内某个点。

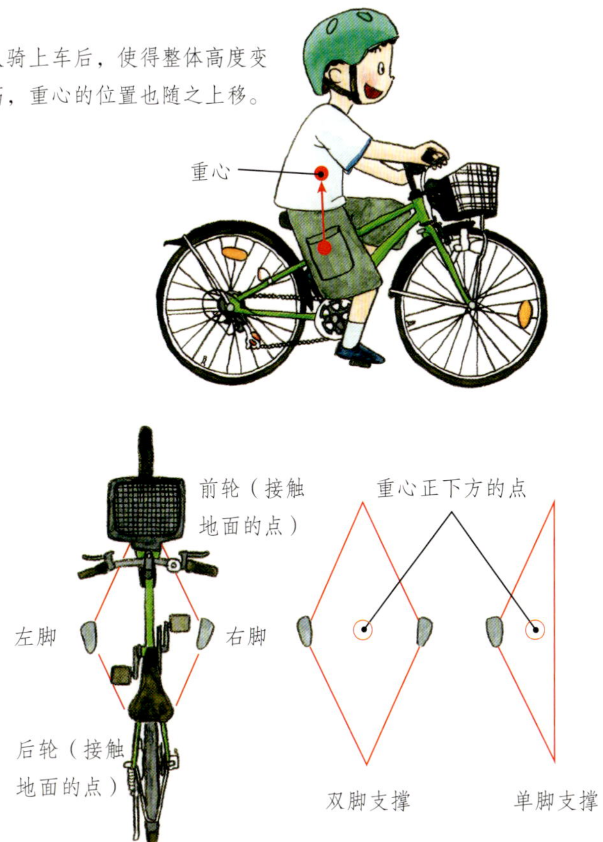

人骑上车后，使得整体高度变高，重心的位置也随之上移。

坐在自行车坐垫上时，如果2个车轮和双脚中有至少3处与地面接触，重心就会稳定，车就不会倾倒。单脚支撑于地面时，自行车会稍稍偏向伸出的这条腿的方向。这样一来重心就位于三角形之中保持稳定。

了解到重心的位置后……

用力推地板上装有重物的纸箱使其运动时，到底推箱子的哪个部位好呢？

如果推纸箱的某个角，会使纸箱的移动方向出现偏移（左）。但只要推纸箱的正中央，就等于推着纸箱的重心，纸箱便会随你的推动到达你预想的位置。

移动物体时，了解重心的位置非常重要。

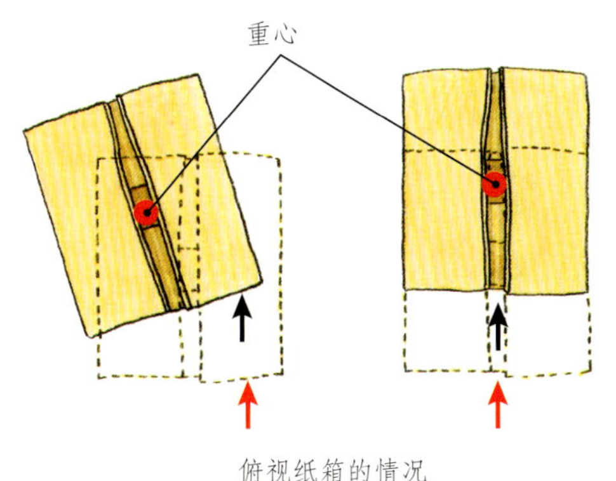

俯视纸箱的情况

单位的故事

广泛应用于我们生活中的“米”“千克”，是由世界各国共同确定的单位，这类单位的集合就是“国际单位制（简称 SI）”。这一套单位都是在法国产生的“米制”的基础上发展而来。

古代日本使用从中国传入的表示长度的“尺”和表示重量的“贯”。而“米”和“千克”大约是在明治维新时（19 世纪中叶）传入日本。自行车传入日本，也大约是在这一时期。

19世纪中叶，许多外国人搭乘黑船登陆日本。自行车和新的单位就是他们带来的。

“米”这个单位形成于 18 世纪末期。为了制订可以全世界通用的单位，测量队测量了地球的子午线（与赤道呈直角交汇并连接两极的最大圆圈）长度，选取了北极到赤道长度的 1000 万分之一作为 1 米的标准（现在的标准基于光速，更加严谨）。

国际单位制确定了几套基本的单位。米、千克、秒就是其中最基本的单位。国际单位制还确定了表示量的大小的词汇。比如千、厘、毫，等等。这些词可以当作前缀词，放在单位之前使用。比如米的前面加上表示 1000 倍的“千”就是千米（km），加上表示 1/1000 的“毫”就得出毫米（mm）。其他还有表示 100 万倍的兆（M）、表示 10 亿倍的京（G）、表示 100 万分之一的微（μ）、表示 10 亿分之一的纳（n）。

除此之外，自行车领域还用到了来源于英国的名为“码磅度量衡法”的古老单位制。“码”属于长度单位，1 码约等于 91.4 厘米。码磅度量衡法中，1 码 =3 英尺 =36 英寸，同样的单位制中针对不同的量也有着不同的名称。

法国的测量队花费了6年时间测定了欧洲大陆上子午线的长度。

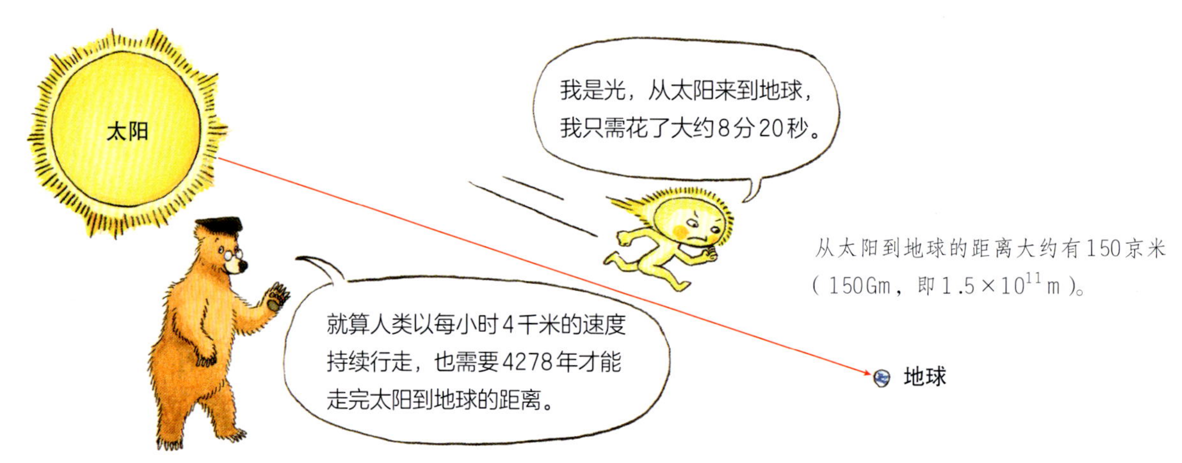

从太阳到地球的距离大约有150京米（150Gm，即 1.5×10^{11} m）。

第2章

骑自行车

健太的妹妹得到了新的自行车。于是她飞快地来到广场开始练习。

从推着车走开始，逐步找到平衡、以脚蹬地前进、下坡练习、拐弯练习等。当然针对如何安全地刹车也需要进行练习。反复训练之后，妹妹也能独立地骑自行车了。

最重要的是，在帮助妹妹练习骑车的时候，健太也学习到了许多使自行车运转的“力”的有关知识。

牛顿的运动三定律

第1章已经提到艾萨克·牛顿对力和运动的关系进行了研究，之后他将这二者的关系归纳成了三条定律。本章的开头，就先向大家介绍这些定律（运动的三定律）吧。

牛顿的运动三定律包括“惯性定律”（第一定律）、“加速度定律”（第二定律）、“反作用定律”（第三定律）。

不仅仅是自行车运动，只要在地球上发生的物体运动都遵循这三条定律。

艾萨克·牛顿（1643-1727）

“惯性定律”（第一定律）

在受到其他作用力之前，匀速直线运动的物体会持续保持运动状态，静止的物体会一直保持静止状态（惯性），这就是“惯性定律”。比如，开始提速的自行车可以不登脚踏板而依靠惯性保持同样速度行驶。

但是，实际上行驶中的自行车会在空气阻力和地面阻力（摩擦力）等影响下慢慢减速。这样的反方向力会不断形成小小的阻碍，如果不施加新的作用力，自行车最终就会停下来。

“加速度定律”（第二定律）

第一定律告诉我们，使静止的物体运动，或者试图改变运动物体的运动速度和运动方向时必须有力的作用。在物体的质量不变的情况下，物体速度变化的快慢（即“加速度”的大小）与物体所受的力成正比，与物体的质量成反比，这就是“加速度定律”。

妈妈的自行车更重，妈妈车上装的东西的重量和妈妈的体重也更大。所以妈妈骑车的速度如果想超过健太，就要耗费更大的力。

“作用力与反作用力定律”（第三定律）

某物体对另一物体施加作用力后，施力物体会受到被施力物体的反作用力。该反作用力与作用力的大小相等，方向相反。这就是“反作用力定律”。

骑上自行车时用力蹬地，自行车受到的向前的力就是来自地面的反作用力。

如果自行车撞到了电线杆，电线杆会返回与冲撞力相等的反作用力。注意安全！

学习骑车

第一次拥有属于自己的自行车，怎么样练习骑车呢？先试着推车走走吧，再坐上车坐垫，轻轻地握住把手，抬起脚骑行一段试试。

推着自行车走走

拥有专属自行车的妹妹推着暂时拆掉脚踏板的自行车进行行走练习。站在自行车的左侧，双手握着把手稍稍用力向前推车，车轮旋转，自行车开始缓缓移动。

使自行车稍稍偏向自己身体的一侧，握住把手，慢慢笔直前行。此时虽然很想稳住把手，但是把手总向左右小幅晃动。

熟悉推车之后，接下来就练习曲线推车了。行走的路线就像在地上写下大大的数字 8。用稍大一些的力操纵把手转向左侧或右侧（就像在转圈圈），自行车就会随着把手的方向前进。

跨上自行车

接下来试着跨坐上自行车。为了安全起见，坐垫的高度要调低一些。

妹妹坐在坐垫上将双脚抬起的话，自行车会很快倾倒。但是没关系，只要在自行车倾倒方向的那只脚迅速与地面接触，就能保证自行车不倒。

稍微滑行一下试试吧

能使脚踏板被暂时拆掉的自行车滑行吗？让妹妹坐上自行车，我在后面推着试试吧。

接下来让自行车从坡上滑下来。这样的话，即便没有人在后面推，自行车也会滑行。那么就得先把妹妹的车子推上坡。推上缓坡还比较顺利，推上陡坡就有些困难，会感觉自行车非常沉重。正如第 1 章所述，地球的重力吸引着自行车朝下。

物体所受的重力由朝着正下方（地球中心）的箭头表示，这个力可以分为重心向坡的斜面垂直和与坡面平行向下的两个力。两个分力的方向和大小可以通过画出有对角线的四边形帮助判断分析。缓坡的下坡方向的力较小，陡坡的下坡方向的力变大。推着自行车上陡坡要比上缓坡耗费的力更大。

总算上了坡，妹妹调转了自行车的方向，跨坐在坐垫上，并将脚提高离开了地面。自行车冲下坡的速度逐渐变快。和上一章所讲的伽利略的实验（▶第 24 页）一样。到了平地，自行车的速度就逐渐慢了下来。但还是会驶出一段距离。这就体现出了“惯性定律”。

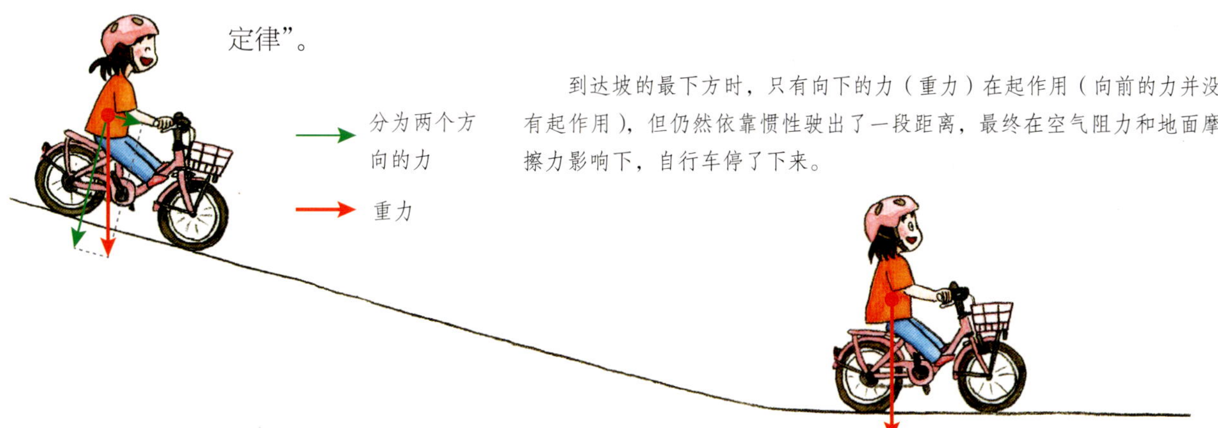

到达坡的最下方时，只有向下的力（重力）在起作用（向前的力并没有起作用），但仍然依靠惯性驶出了一段距离，最终在空气阻力和地面摩擦力影响下，自行车停了下来。

※ 从陡坡上滑下速度会非常快，十分危险。在自己尝试滑下的时候最好选择缓坡。

保持平衡

自行车极易倾倒，这是因为自行车与地面的接触点只有前轮和后轮 2 处。但是这些都不成问题，只要利用好重心，我们就能在骑车时保持平衡。

为什么不会摔倒?

因为自行车只有前轮和后轮 2 处与地面接触，所以极易倾倒。但是，自行车行驶时却不像停止时那么容易倒，这是为什么呢?

利用第 1 章介绍过的重心知识就能得出答案。重心只要位于前轮和后轮的两个接触点的连接直线之上，自行车就不会倒。骑自行车时，人在无意识之中就能捕捉到重心的位置，通过调整身体保持平衡。健太妹妹还不明白什么是重心，但是通过练习找到诀窍，她也能够渐渐学会如何在自行车上保持平衡。

婴儿的成长和平衡能力

刚出生的小婴儿如果没有母亲的支撑就无法保持笔直的站立姿势。出生后 3 个月左右，婴儿可以稳定地支撑头部并坐直，6 个月大时，如果有一定空间，婴儿就可以坐起来。婴儿到了 10 个月至 1 周岁左右时，就能扶着东西站立或者扶墙走。这反映出婴儿只需要 1 年左右的时间就能学会如何保持平衡。

我们在练习骑自行车时也要经历类似的摸索过程，逐渐学会保持平衡的方法。

仔细观察婴儿走路时的姿态可以发现，他们的头、躯干、手的位置，在前后、左右、上下摇摆，身体的重心一直在变化。骑自行车保持平衡的方法也是一样。

自行车上保持平衡（1）

骑好自行车，保持平衡很重要。下面的图就是从正面观察与重心位置关系的情况。

骑自行车笔直前行时，重心和健太的身体和自行车的车胎中心呈一条直线（①）。如果蹬右边的脚踏板，自行车就会向右倾斜，车胎也会向右偏移少许（②）。此时，稍稍挺起左侧身体，重心就会回到车轮的中心线上，即位置关系又回到直线状态（③）。而再踩左边脚踏板后，不仅自行车会往与刚才相反的方向倾斜（④），身体的晃动方向也与刚才相反。

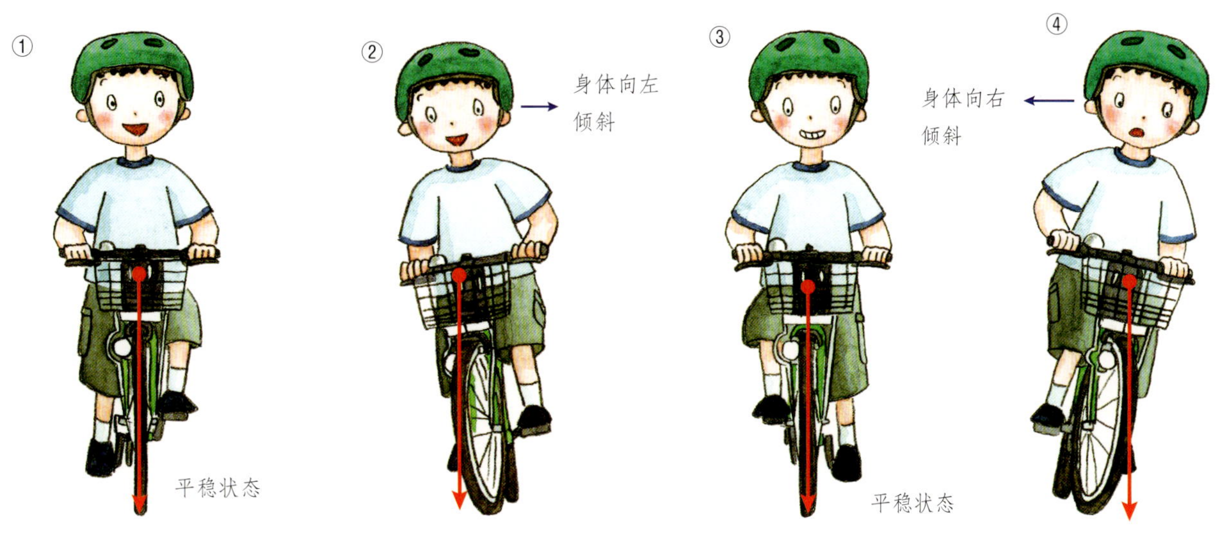

哪个更难?

骑独轮车和骑自行车哪个更难呢？自行车与地面接触的点有 2 处（前轮与后轮），所以只要取得了左右平衡就能平稳行驶而不摔倒。但是独轮车只有 1 处与地面接触，所以除了需保持左右平衡外，还需维持前后平衡，否则很快就会摔倒。由此可见，骑独轮车时保持平衡远比骑自行车难。

自行车上保持平衡（2）

如第 36 页说明的那样，重心位于前轮和后轮的两个接触点的连接直线上时，自行车可以稳定地持续行驶。但是，也会出现重心的位置偏移导致自行车有倾倒的趋势，这时必须将重心调整回中央位置，保证自行车的直行状态。让我们用俯视视角来看看重心与自行车的关系吧。

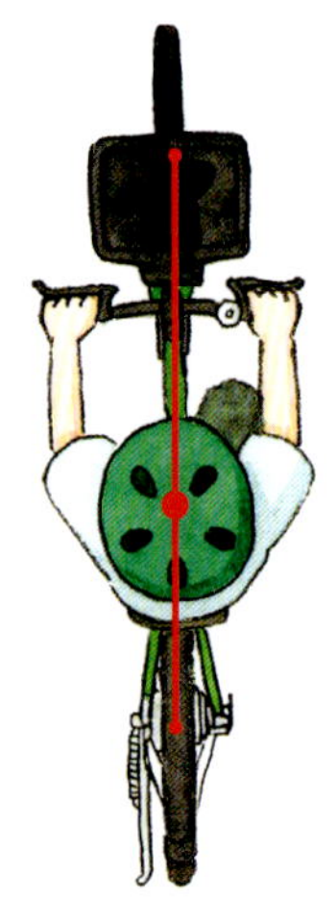

重心位于前后车轮连接的直线的正上方，此时自行车会保持平稳行驶，不会左右摇晃。

因为自行车向左倾斜，前后车轮接触地面的点都向右偏移，使得重心偏向了左侧。此时，重力（重量）在自行车的左侧起作用，如果自行车再向左偏一些而不应对的话就会摔倒。

把手左转，前轮与地面接触的点就向左偏移，这个状态下，骑车人只要稍稍将重心向右移动，作用于重心的力就会移向右侧，自行车的倾斜就随之消解。

晃动中保持平衡

健太十分喜欢骑自行车，技术也非常好。他一直用力地蹬着脚踏板，行驶时车身会产生较为剧烈的摇晃。虽然会产生“这样的晃动状态下，不会摔倒吗”这样的担心，但这似乎是多余的。从正面看健太的骑行可以发现，不论发生多大的倾斜，他都能通过调整身体的位置保证重心位于接触点的正上方，从而保持了平衡。

倾斜的前轮

观察摆放在停车场的自行车，可以发现一件有趣的事情。依靠双支架停车架支撑的自行车，停车时均呈直立状态，而依靠单条脚撑支撑的自行车的前轮，均向有脚撑的方向倾斜。这是因为支起脚撑后，重心从前后车轮的直线位置上偏移，变得更加靠近脚撑的方向。而有双支架停车架支撑设计的自行车，其停车时重心仍在前后车轮的直线位置上，所以自行车仍然能够呈直立状态。

支起单条脚撑停车时，自行车会向有脚撑的一侧倾斜。此时，前轮也向同一方向倾斜，也就是说车轮的方向改变了。这样一来，重心的正下方就是可以保持平衡的位置，车身才得以保持稳定状态。

2

骑自行车

速度与稳定

在长长的坡道上跨坐于坐垫之上，伸出双足保持向前的姿势向坡下滑行时，自行车下坡的速度会逐渐加快。自行车会稳定前行，我们可以尽享平衡带来的乐趣。

再让我们试着边按刹车，缓缓驶下坡道。这样下坡与高速下滑时的情形不同，自行车会左右晃动着下坡，反映出该状态下较难保持平衡。

物体拥有在高速运动时运动更加稳定的性质。▶第 72 页

蹬地前进

跨坐在自行车上向后蹬地，会产生前进的力。这是因为受到了地面反作用力的影响。“蹬力”在起作用时，“反作用力”也随之产生作用。

我的妹妹现在又来到一个平坦的地方。她并没有在蹬脚踏板，而是试着用脚蹬地前进。

作用力与反作用力

人在行走、奔跑时，脚会向后蹬地（压着地面）。此时，脚会受到地面传来的同样大小的反作用力。我们正是依靠产生的反作用力前进。这就是“反作用力定律”的有关内容。想快速奔跑时，需要用力蹬地。▶第 33 页

我想要快速奔跑的时候会手脚并用。因为双手双脚受到的地面反作用力远比双脚受到的大。

短跑选手起跑时会用到助跑器。这是一种道具，向其用力猛地一蹬，会受到极大的反作用力。

身边的作用力与反作用力

物体只要对另一物体产生压力，就会从被压物体处受到反作用力——这类作用力与反作用力的例子在我们身边比比皆是。

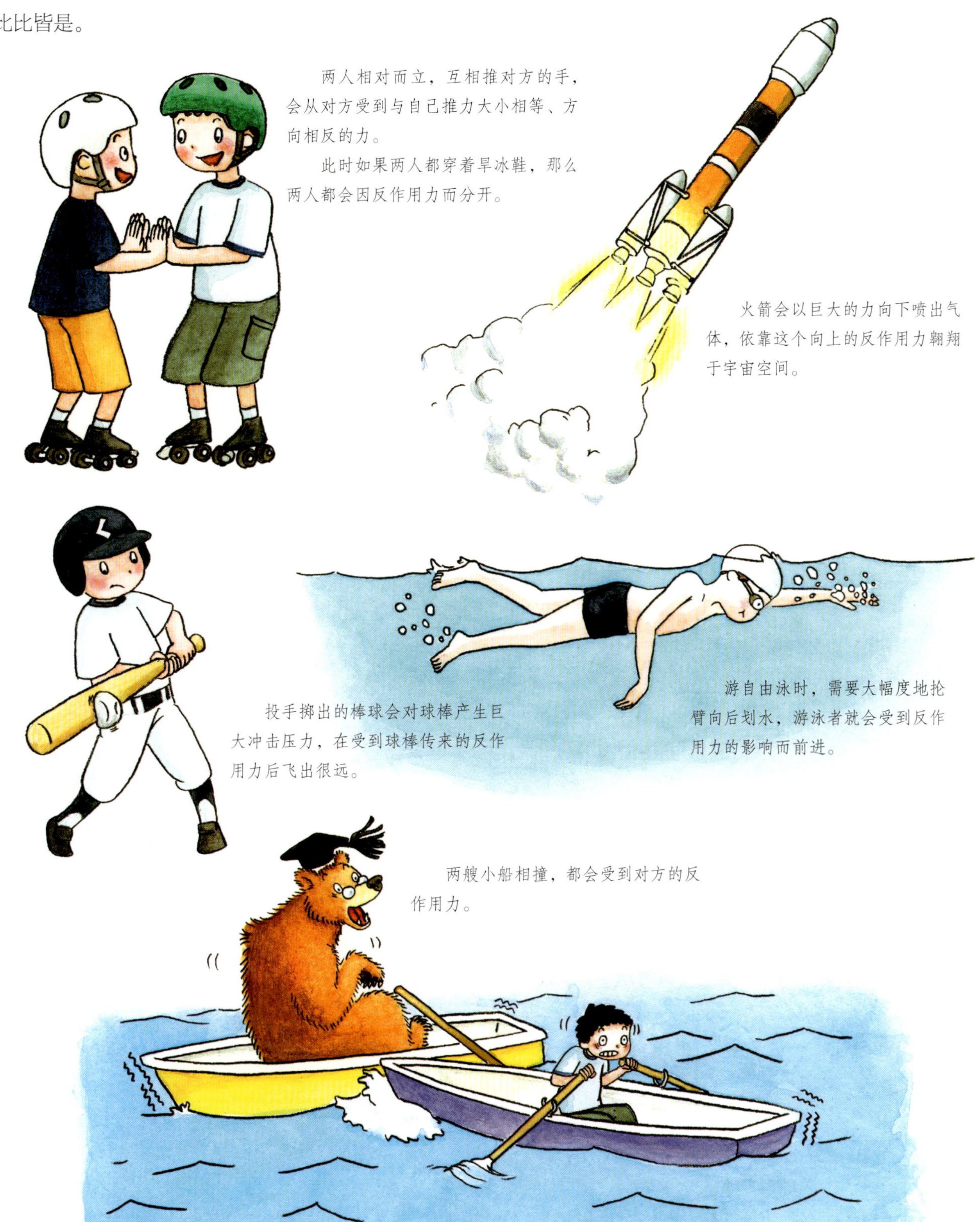

两人相对而立，互相推对方的手，会从对方受到与自己推力大小相等、方向相反的力。

此时如果两人都穿着旱冰鞋，那么两人都会因反作用力而分开。

火箭会以巨大的力向下喷出气体，依靠这个向上的反作用力翱翔于宇宙空间。

投手掷出的棒球会对球棒产生巨大冲击压力，在受到球棒传来的反作用力后飞出很远。

游自由泳时，需要大幅度地抡臂向后划水，游泳者就会受到反作用力的影响而前进。

两艘小船相撞，都会受到对方的反作用力。

蹬脚踏板前进

自行车设有脚踏板是为了传递力至后轮、使其旋转。旋转的后轮车胎和地面之间会产生摩擦力，这个力最终成为向后推地面的力。

前进靠的是摩擦力

提起自行车的后轮，用手转动脚踏板试试。一旦转动，连接脚踏板根部的齿轮开始运动，连接齿轮的链条也随即运动。链条使得后轮转动，成了使后轮旋转的力。这个设计还真是复杂呀。使用这样的设计使自行车行驶时，最重要的莫过于“摩擦力”了。

比如推动置于地面的物体时就会受到来自地面的摩擦力，这就是“阻力”。上一页介绍的“作用力与反作用力”就是因为存在摩擦而产生。反推力（反作用力）就是依靠摩擦产生的。

穿上运动鞋奔跑时，脚的脚后跟接触地面，脚尖对地面施力。因为鞋底和地面之间存在摩擦，所以脚尖可以用力向后蹬地。

运动鞋的鞋底贴有坚硬的橡胶，还附有粗糙的锯齿状鞋钉。这并非装饰，而是为了尽可能地增大所受的摩擦力。当橡胶老化磨损之后所受到的摩擦力会减小，鞋就容易打滑了。

冰面的摩擦力非常小。像在土地上那样奔跑的话是不切实际的，很容易摔倒。

将自行车的车胎假想为“人脚圆环”。能够帮助我们更好地理解车轮和摩擦的关系。

车轮旋转后，最下方的部分会对地面施加较强的压力。此时的车轮因为摩擦的影响不会打滑，而是会向后推地面。产生的反作用力使得自行车前进。

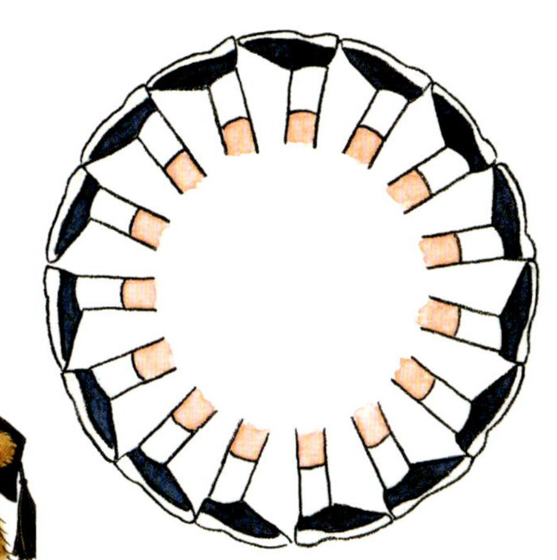

因为车胎和地面之间有摩擦力，所以车胎不会打滑，而是会滚动。如果没有摩擦，即便蹬脚踏板也只会使轮胎在地面空转，不会前进。

即便想着笔直前进……

健太的妹妹在蹬着脚踏板练习骑自行车，左脚用力时妹妹的身体会稍稍向左倾斜，右脚用力时则会向右倾斜，身体会持续交替地偏向蹬脚踏板的那一侧。

自行车在行驶时，车胎会怎样运动呢？为了调查清楚这个问题，可以用水将车胎弄湿，观察地面上留下的车胎痕迹。

就算想笔直前进，车胎的运动还是倾斜的，并形成左右交错轨迹。

右脚蹬脚踏板时，自行车会偏向右侧，前轮向右倾斜，偏右侧前进。但是身体的惯性会继续向正前方前进，所以自行车会受到骑乘者和自行车的重心所施加的力的牵引。左脚蹬脚踏板时，会发生和右侧方向相反的情况。

受该牵引力影响，每当蹬脚踏板时，自行车会小幅度地向右、左、右、左倾斜，车把手也会随之向右、左、右、左倾斜，但车并不会轻易倾倒，而是保持前进。

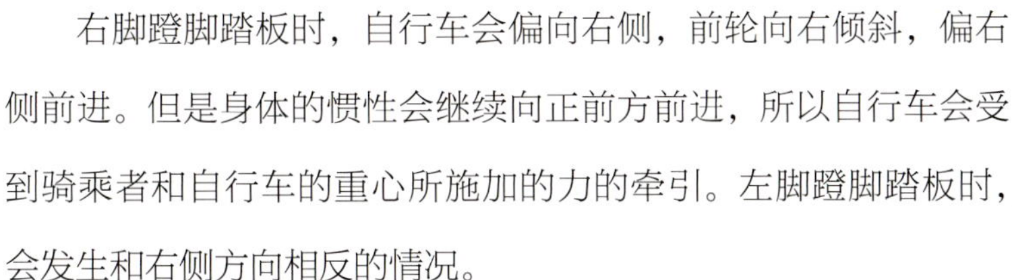

剎车制动

自行车以一定速度行驶时，即便不蹬脚踏板也可以继续行驶一段距离。如果按下刹车，就可以施加按压压力停止车轮旋转，自行车也随之停止前进。

刚开始妹妹并不能很好地掌握按住刹车的技巧，就用鞋底用力踩住地面，最终就像站起来了一样。这一举动较为危险，不宜在道路上尝试。

经过反复练习，妹妹逐渐可以从容地按下刹车。只要用力按住设计于把手两端的两个刹车，就可以很快停住自行车。

刹车的设计

左右刹车都通过细管连接车轮。右边的刹车可以通过闸皮夹住前轮轮圈，使其停止旋转。左边的刹车连接着可以停止“刹车盘”旋转的闸皮。只要按住刹车，埋于细管中的细线（用钢制成的钢丝）就会产生阻碍作用。

▶第 70 页

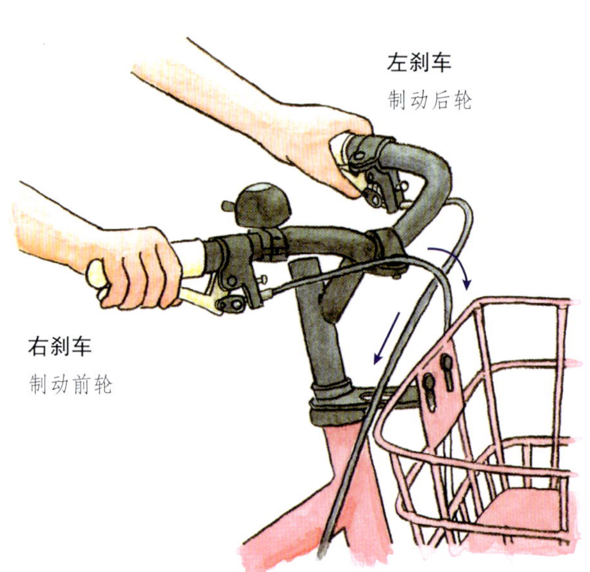

●前轮制动

用闸皮夹住轮圈两侧，达到刹车的目的。

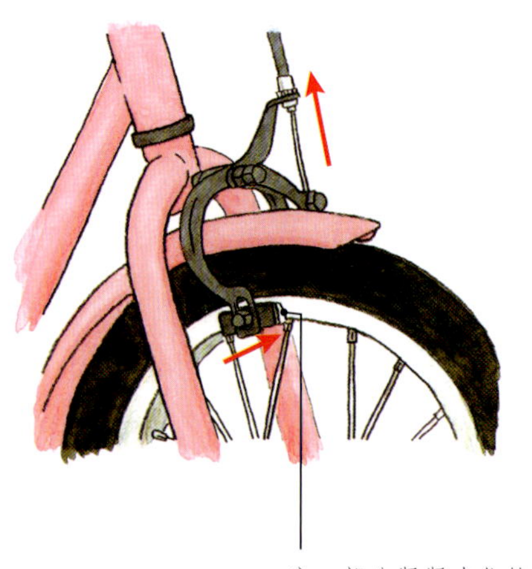

这一部分紧紧夹住轮圈，使车胎运动停止。

●后轮制动

以刹车片紧紧勒住位于后轮中心的刹车盘（一般来说其内部并不可见，但为了便于阅读，参照图中画出了内部情况）。

闸皮勒住刹车盘，使得车胎的运动停止。

刹车毂（与轮胎接触）

这里被固定

惯性与惯性力

自行车在行驶中和按下急刹车时，明明没有人在推，骑乘者却感觉到被人向前推。这是因为行驶的自行车准备停止时，骑乘者仍然会凭借“惯性”继续前进。

这时人感受到的推力被称作“惯性力”。

急刹车时，车内的人会感觉被向前推。这样非常危险，所以必须牢牢系好安全带。

突然启动时就正好相反。本以为不会开动的电车突然启动向前行驶，乘客们的身体会因为“惯性”而保持静止状态，又由于“惯性力”作用而向后倾倒。

突然启动的电车中，乘客会向后倾倒。要谨防摔倒。

自行车的刹车最好以相同的力道左右同时按下。仅按下前刹车尤其危险。前轮一旦停止而后轮仍旧保持前行时，后轮会翘起，前轮向前倾倒。

转弯

物体在转弯时，会受到“离心力”的作用。这种力使得明明没有被任何事物牵引的物体偏向外侧驶出，真的是不可思议。

妹妹在练习转弯。向右转时，将把手右偏，身体略向右倾斜。自行车随之向右转弯。左转弯时则与之相反。

不用调整把手，只需保持身体朝着同一方向倾斜，自行车转弯就能绕出一个大大的圆圈。

“离心力”

汽车起动后拐弯时，会被一种看不见的力向外侧牵引，即便系上安全带，身体也会向着弯道外侧倾斜。这就是“离心力”的作用。这一作用不仅发生于汽车内，只要是人或者物体，在转弯时都会受到弯道圆心向外的离心力。

大家见过摩托车竞速的视频或者照片吗？摩托车高速转弯时，车身与人的身体向弯道内侧严重倾斜。这是为了避免受强大的离心力影响导致连人带车摔出车道外侧。

骑自行车的过程中准备拐弯时，需要将身体和自行车的车体向着弯道的中心稍稍倾斜，从而保证拐弯顺利，避免向外侧摔倒。

▶ 第 75 页

牢记自行车的骑行手势

就像开汽车时可以通过方向指示器等方式将信号传达给后面的人那样，骑自行车时也有几个固定的骑行手势。下图便是其中的几个例子※。

●自行车的骑行手势

弯曲手肘

向伸出手的反方向转弯（如图就是表示左转）

手摆向斜下方

停止前进或者放缓前行

手水平伸展

向手伸展的方向拐弯（如图就是表示右转），后面的要确认清楚呀！

我对有关自行车的各种力进行了实际调查，也从大熊博士那学到了力的种类和定律。了解到在我们看不见的地方有着许许多多的力在起作用，真是有趣极了。

今天我们一家子骑自行车去郊游。我很期待在各个地方与“自行车的力”相遇。

※ 这种手势仅为日本的一种表示方法，在中国未必适用。——编者注

帕斯卡与压强

在学习“力”的相关知识的时候，还有一个我们绝对不能忘记的人，就是与伽利略·伽利雷、牛顿处于大致相同时代的法国科学家布莱士·帕斯卡。为纪念他的伟大成就，压强的单位便以他的名字命名。帕斯卡比 1564 年出生的伽利略晚出生近 60 年。帕斯卡去世时，牛顿只有 20 岁。

布莱士·帕斯卡（1623-1662）

帕斯卡进行了许多力学方面的实验。

比如，他对山脚和山顶的大气对地面的压强（气压）是否相同进行了调查研究，发现山上的气压要比山下低。山下买的点心的袋子，在超过 1000 米高的山上会变得鼓胀。这是因为山下的点心袋封装时气压（袋中气压）比山上的大气压要高，所以内部的空气将包装袋向外挤压。

有一条定律叫作“帕斯卡定律”，根据这一定律，自行车轮胎内胎这样密闭空间里的空气，只要向其中一处增加一些压力，其内部的各个部位都会增加相同的压力。正如第 1 章（▶ 第 18 页）所示，自行车轮胎充入空气后，内部压力大约为 300 千帕（kPa）。利用打气筒对胎压不足的车胎充气时，车胎整体受到了相同压力，逐渐膨胀起来。

山下买的点心的袋子，在高山上会变得胀鼓鼓的。

第3章

自行车的构造 I

自行车为什么可以一定速度行驶，其重量很轻为什么又很坚固？

健太对自行车的研究进行了一段时间，在这就由我（大熊博士）给大家介绍一下自行车的历史和构造吧。

世界上最早的自行车是由德国人在200年前左右发明的。其运行的过程中隐藏了许多秘密，比如只要对自行车稍加施力就能使其不知疲倦地快速行驶，可以行驶较长距离，明明很轻却又能载人等等秘密。

提速简单，匪夷所思

自行车刚诞生时并没有具备如今的性能。为了提升速度，改善骑行的舒适度，人们花了很长时间进行了很多调整。

车轮的发明

滚木

让我们从发明自行车很久之前说起吧。大约在公元前 27 世纪（距今大约 5000 年），埃及人为了建造国王的坟墓（金字塔），需要很多人搬运切过的大石块。这时，用来省力搬运重石的道具，就是“滚木”。

埃及人使用滚木搬运大石块

当时使用的滚木，构造十分简单。就是在地面上摆放若干相同尺寸的圆木，再将大石块置于其上。在大石块上系上绳索用力拉拽，下方的滚木开始转动，巨大的重石块就像是在滚木上滑动一样。每运行一段后，只要将后方空余的滚木移至前方，就可以利用几根滚木将重物搬运出很远的距离。滚木就是车轮的雏形。

车轮

早期的车轮并非是现在这样的橡胶轮胎，而是在木质车轮中穿插车轴。使用车轮后，搬运物体就不用再繁琐地摆放滚木了。这也被当作人类历史上的伟大发明之一。

车轮并非一直由人力驱动，也有由牛马拉动的牛车和马车。

图中的车由人力驱动，1 人拉动可以抵得上 8 个人的劳动，所以在日本被称作“代八车（大八车）”。

因为搬运重物时车轮容易打滑，所以需要在外侧包一层铁进行强化处理。

早期的自行车

世界上第一辆自行车

发明自行车的人是德国的卡尔·冯·德莱斯男爵。确切的时间是在 1817 年。

这辆名为“小马崽”的自行车与现在的自行车有着很大不同。首先，包括车轮在内的车身几乎全由木头制成。其次，虽然可以通过操纵把手改变前进方向，但是并没有车链条的设计，只能以脚用力蹬地，使自行车向前行驶。当时，最高时速的记录是每小时 15 千米。

世界上最早的“小马崽”自行车，发明者是德莱斯男爵。其由木头制成，设计有把手，以脚蹬地前进。

装上了脚踏板

19 世纪 60 年代初，住在巴黎的法国人——米肖父子制造出了前轮带有脚踏板的 2 轮车（“米肖型自行车”）。它就像现在孩童用的三轮车一样，脚踏板直接连着前轮的轴，只要踩脚踏板就能带动前轮转动。

这种自行车是最早被大量生产的款式，除了将木制车轮换成铁制以提升强度之外，车体也采用了铁制结构。相传最早在日本投入使用的自行车，就是米肖型自行车。

最早批量生产的自行车，制造者是米肖父子。其前轮直接连接脚踏板，车体由铁制成。

高轮型自行车

前轮带有脚踏板的自行车，脚蹬踏板一回只能使前轮转一圈。为了提升速度，只得将前轮尺寸做大，这种前轮超大的自行车便应运而生。

英国的詹姆斯·史达雷发明的高轮型自行车，其前轮直径甚至可以达到约 1.5 米。因为坐垫的位置很高，想要骑上去也需要大费周折。通常是将高轮型自行车倚靠在墙上，使得坐垫位置降低，再骑上去。而下车时则是在车倾倒之前跳下车，很容易产生危险。另外，在下坡时车速加快，高轮型自行车的脚踏板也会以很快的速度转动，十分危险。所以只得预先将脚从脚踏板上抬起，双腿向前伸直。

高轮型自行车，其前轮直径最大可达 1.5 米。

蹬1圈约行驶5米

蹬1圈高轮型自行车的脚踏板，可以使自行车行驶出多远的距离呢?

- 蹬1圈脚踏板，前轮转动1圈。
- 前轮转动1圈，自行车向前行驶的距离等于前轮周长。
- 前轮的周长（圆周），大约等于前轮直径的3.14倍（圆周率）。

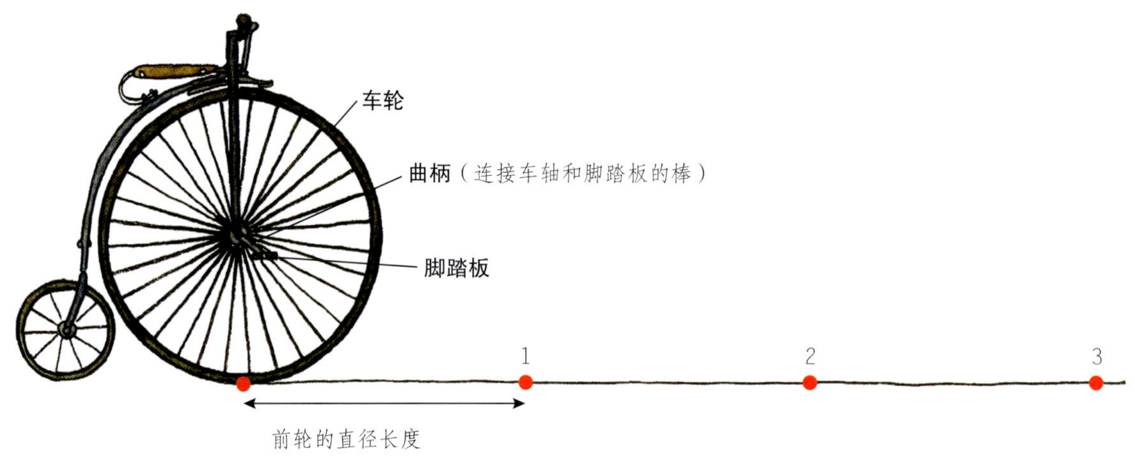

让我们试着计算高轮型自行车的脚踏板转动1圈时，脚踏板绕一周的长度和自行车实际前进的距离。

①脚踏板转动1圈时，脚踏板绕一周的长度

连接车轴和脚踏板的棒被称作“曲柄”。曲柄的长度一般为17厘米左右，其直径是这个数值的2倍，也就是34厘米（0.34米）。这个数值乘以圆周率，就能求出脚踏板绕一周的长度。

0.34米 ×3.14 ≈ 1.07米

②蹬1圈脚踏板，高轮型自行车的前进距离

高轮型自行车的前轮直径约为1.5米，将其乘以圆周率。

1.5米 ×3.14 ≈ 4.7米

计算结果表明，蹬1圈脚踏板可以前进将近5米。

我们在走路、跑步时，前进的距离只能由我们的步伐大小决定。但是使用高轮型自行车的话，脚运动一次的距离仅为行驶距离的四分之一。骑自行车时能够轻易提升前进速度的秘密就在于此。

齿轮的配合

1885 年，詹姆斯·史达雷的侄子约翰·K·史达雷制造出了新型自行车。这种自行车与米肖型自行车和高轮型自行车不同，脚踏板转动 1 圈前进的距离的构造，从前轮决定改由后轮确定。脚踏板的转动轴与后轮的转动轴各自连接着大小不同的齿轮，这就是现今自行车的原型。既能不依靠超大前轮提升速度，也能保持良好的平衡，可以任由人们安心使用。

最早使用了齿轮和链条的自行车

大小不一的两个齿轮的配合

连接脚踏板转动轴的齿轮较大，连接后轮转动轴的齿轮较小。比如，现在在售的 27 型城市自行车※（轮胎直径为 27 英寸≈69 厘米的自行车）的前后齿轮的齿数分别为 32 齿和 14 齿。

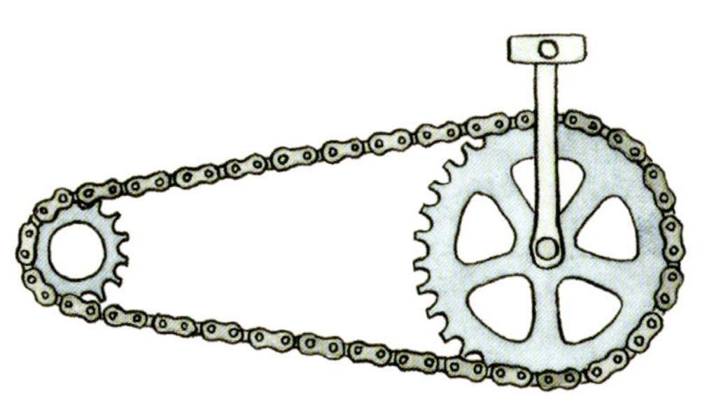

将齿轮和链条放大一些进行观察

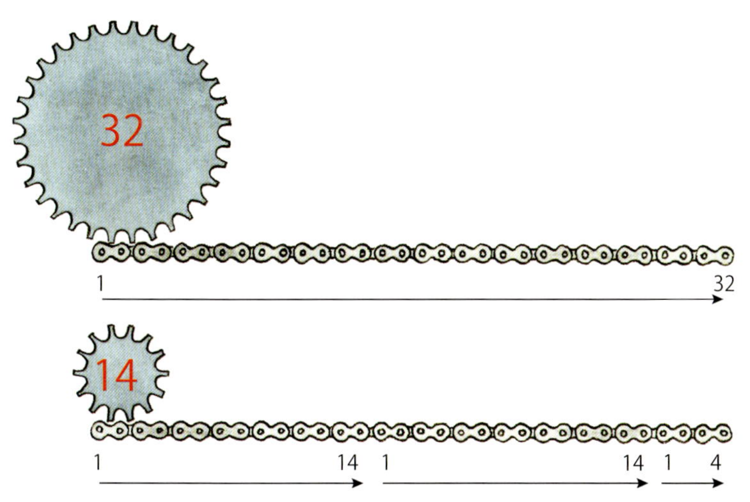

装配齿数不同的齿轮后，相同时间内转动的圈数就会变化。这个设计在自行车之外也被广泛采用，比如机械式手表，就装配有不同齿数的齿轮，1 分钟转动 1 周的秒针齿轮、1 小时转动 1 周的分针齿轮和 12 小时转动 1 周的时针齿轮，这三种齿轮会一起转动。

计算齿轮的转动数

在较大齿轮转动 1 圈的时间里，较小的齿轮转动了几圈呢？

- 较大齿轮转动 1 圈后，链条运动 32 格。
- 较小齿轮在链条运动 32 格的时间里，转动了 2 圈外加 4 个齿。
- 较小齿轮的 4 个齿，即为全部齿的十四分之四，约为 0.3 圈。

也就是说，较大齿轮转动 1 圈的时间里，较小齿轮大致转动 2.3 圈。

※ 日本生产量极大，日常生活中最常见的车型的总称。——译者注

齿轮比

较大齿轮的齿数除以较小齿轮的齿数的值就是“齿轮比”。

使较大齿轮转动 1 圈时，较小齿轮的转动圈数与齿轮比一致。以 27 型城市自行车为例，齿轮比大约为“32 ÷ 14 ≈ 2.3”。齿轮比为 2.3 意味着脚踏板转动 1 圈，后轮将转动 2.3 圈。

▶ 第 58 页

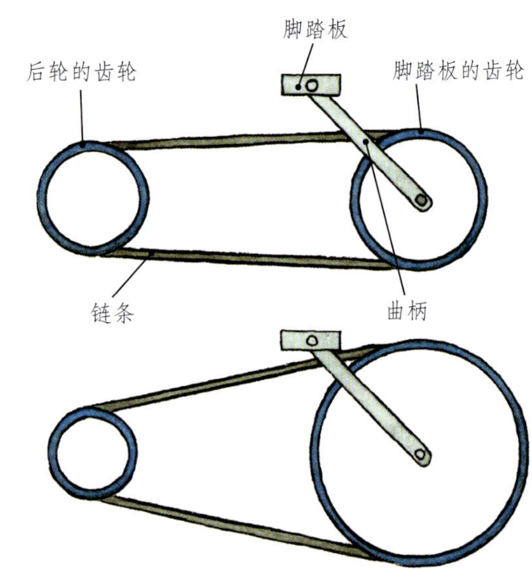

齿轮比较小的齿轮组合（上）和齿轮比较大的齿轮组合（下）

27 型城市自行车自行车蹬 1 圈脚踏板可行驶的距离

- 后轮转动 1 圈后，自行车的前进距离等于后轮周长的长度。
- 后轮转动 1 圈的长度（圆周），约为后轮直径的 3.14 倍（圆周率）。
- 蹬 1 圈脚踏板后，后轮转动圈数与齿轮比相同。

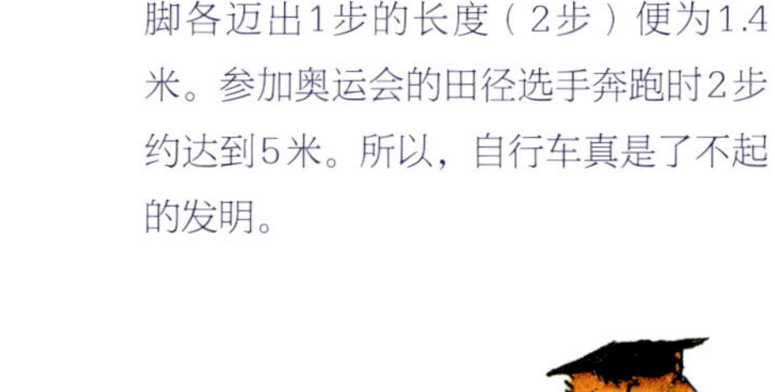

假设成年人的步幅为70厘米，双脚各迈出1步的长度（2步）便为1.4米。参加奥运会的田径选手奔跑时2步约达到5米。所以，自行车真是了不起的发明。

如第 1 章（▶ 第 18 页）介绍的那样，1 英寸约等于 25.4 毫米，所以我们可以做出以下计算。

① 27 型城市自行车的后轮直径

25.4 毫米 ×27 ≈ 690 毫米（69 厘米 =0.69 米）

②后轮转动 1 圈，自行车前进的距离

0.69 米 ×3.14 ≈ 2.17 米

③脚踏板转动 1 圈时，后轮转动圈数与齿轮比相同。

2.17 米 ×2.3 ≈ 5.0 米

情景模拟如下图所示。

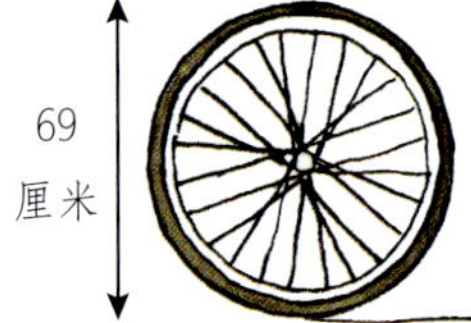

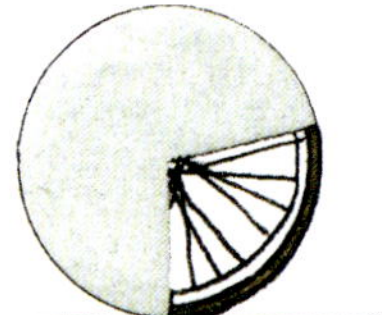

1（69厘米）+1（69厘米）+1（69厘米）+0.14（约10厘米）

1 周的长度为217厘米（2.17米）

对于齿轮比约为2.3的自行车来说：

1（2.17米） + 1（2.17米） + 0.14（0.63米）

脚踏板踩一圈后，自行车的前进距离大约为5米。

自行车飞轮

后轮的转动轴处设计有“飞轮”这一装置，其作用是将脚踏板向前的转动传递至后轮，相当于脚踏板转动和后轮转动的连接器。

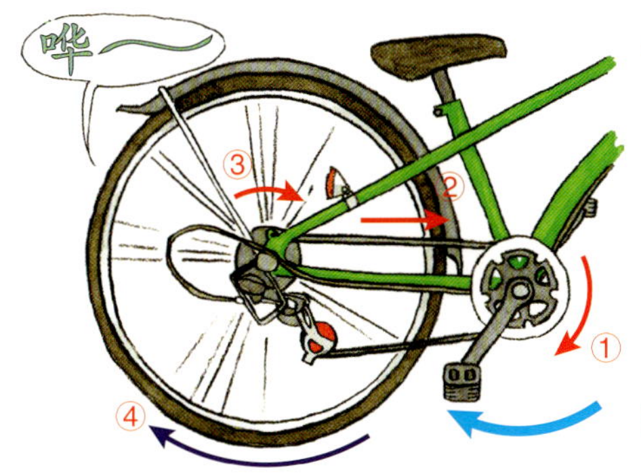

◀脚踏板向前转动（和正常骑自行车一样如蓝色的箭头所示）

①较大的齿轮向前转动

②链条向前转动

③较小的齿轮向前转动

④后轮向前转动

▶脚踏板停止转动的话……

①较大的齿轮停止转动

②链条停止转动

③较小的齿轮停止转动

④但是后轮仍持续向前转动

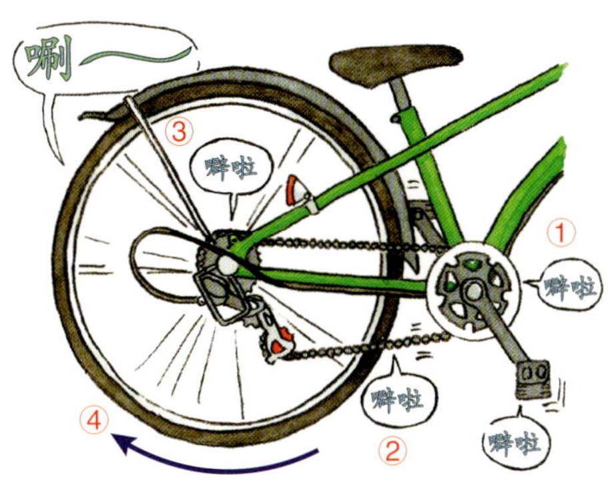

◀脚踏板反方向转动的话……

①较大的齿轮向后转动

②链条反方向转动

③较小的齿轮反方向转动

④但是后轮仍持续向前转动

自行车处于运动状态时，如果不再继续施加力，它也能依靠“惯性”行驶一段距离。轻松骑行自行车的秘密就在于此。即便不蹬脚踏板也能继续前进，车轮只要还在转动，就可以将双脚放在脚踏板上休息。▶第 78 页

另外，反方向转动脚踏板的话，该转动的力却不会传递至任何部位。也就是说，“蹬自行车的脚踏板无法实现后退”。

场地自行车

“场地自行车”就是在自行车比赛中使用的竞速自行车。它与普通自行车的构造不同：①它没有装配飞轮，所以脚踏板向前转动，自行车就会前进，如果向后转动，自行车也会后退；②它没有装配刹车，构造尽可能简单，这不仅能减轻车身重量，还能减少可能发生故障的部位。

自行车的速度和脚踏板的转动圈数

加快自行车的速度时，也必须加快蹬脚踏板的速度。让我们调查一下脚踏板的转动圈数和自行车速度的关系吧。

- 1分钟蹬70圈（上班时骑行于平地或骑车运动中蹬脚踏板的大致圈数）。
- 27型城市自行车自行车，蹬1圈脚踏板可以前进5米。

①自行车在1分钟内前进的距离（分速）

5米/圈 ×70圈/分=350米/分

②换算成时速

350米/分 ×60分/小时=21000米/小时

=21千米/小时

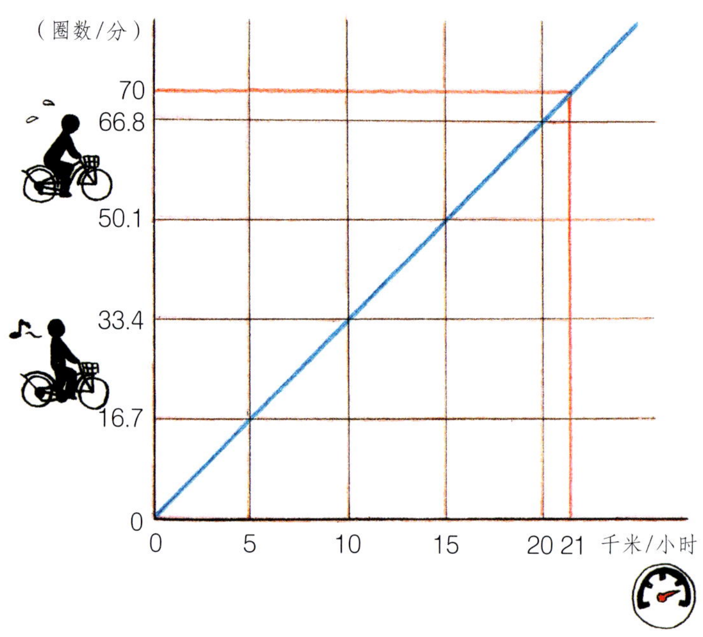

如上图所示，若将自行车速度提升2倍、3倍、4倍，1分钟内蹬脚踏板的圈数也必须提升2倍、3倍、4倍。

道路的状况与蹬脚踏板的方式

行驶的路段是上坡还是下坡，是顺风还是逆风，根据具体情况不同，蹬脚踏板的方式会随之改变。

在平坦的道路上，如果没有风或者处于顺风状态时，即便不蹬脚踏板也能继续行驶。速度有所放缓时，只要稍微用点力蹬脚踏板就能轻而易举地保持行驶状态。

上坡或者处于逆风状态时，亦或在道路崎岖不平、泥泞不堪的情形下，自行车很难提速，所以必须要持续蹬脚踏板，使出很大的力气才能保持原来的速度，保证脚踏板转动。

下坡时，即便不蹬脚踏板，行驶速度也会逐渐加快。虽然很轻松，但是速度过快会非常危险，所以应及时按住刹车。

比较物体移动的时速

我们试着调查了人类、动物、自行车的速度。到底是多少呢？参考下图，确实彼此间差距很大。

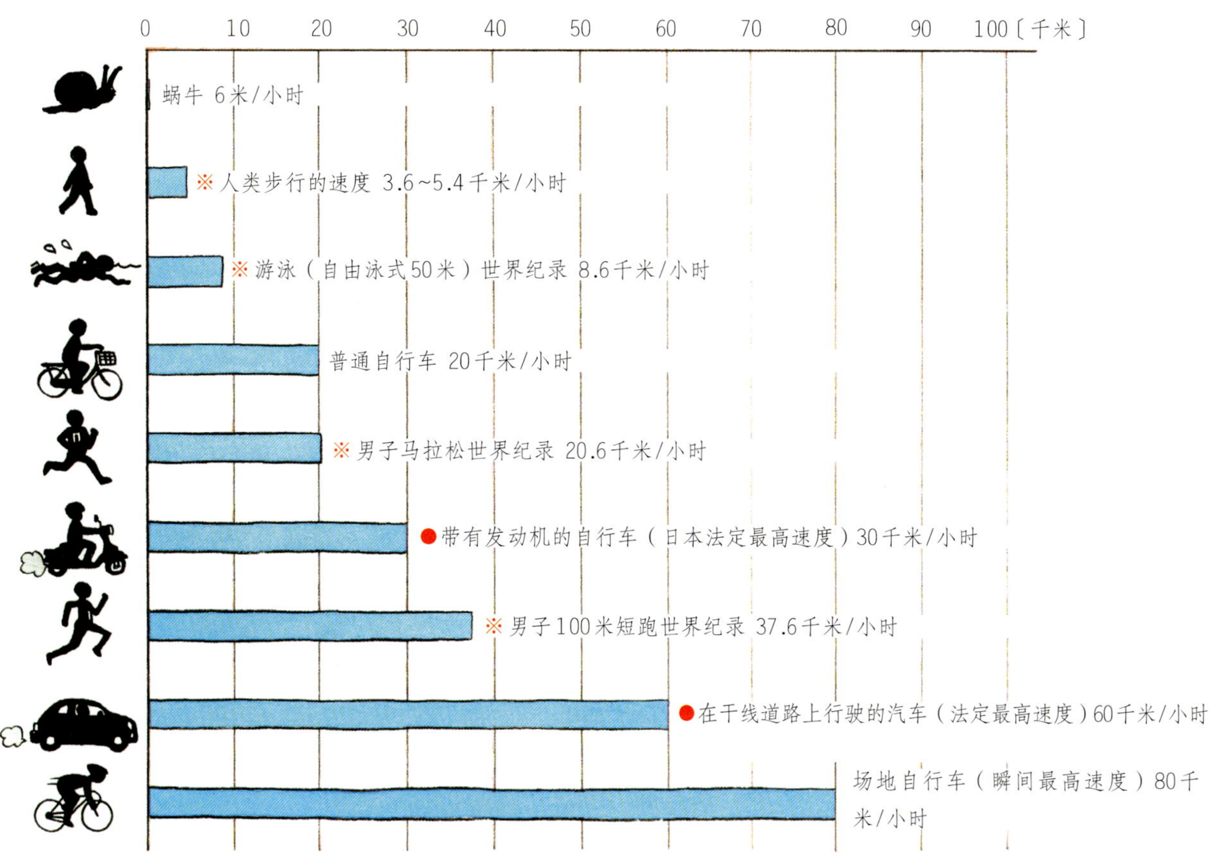

※世界纪录截至2014年12月；●为发动机驱动。喷气机为900千米/小时，超级汽车和新干线能达到300千米/小时。这些交通工具也使用了发动机或者马达。

滚动链条

自行车链条也被称作滚动链条，由圆管中埋有销轴的滚圈，加上两端装有的链板（包住齿轮的零件）构成。滚圈的间隙啮合齿轮，把转动的力传给下一个零件。滚圈以相同间隔排列，依靠其转动，减少了齿和链条之间的摩擦。▶第 101 页

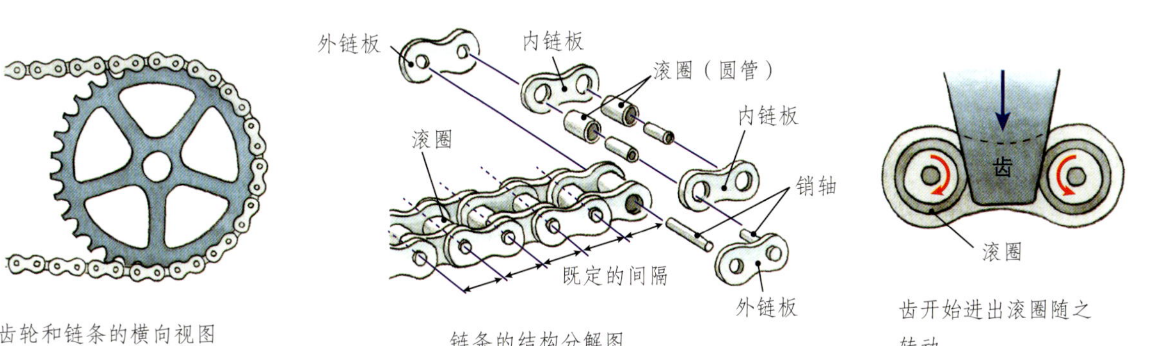

齿轮和链条的横向视图

链条的结构分解图

齿开始进出滚圈随之转动

轻松爬坡，令人咋舌

变速器是通过改变齿轮的配合，来改变齿轮比的装置。根据实际路况（平地和坡地）灵活选用变速器，可较为省力地行驶。

变速器

我们试着调查 27 型自行车的 18 段式变速器的构造。脚踏板侧的前齿轮与后轮侧的后齿轮的齿轮个数如下图所示，后齿轮装有 6 个，前齿轮装有 3 个。

●后轮侧的齿轮

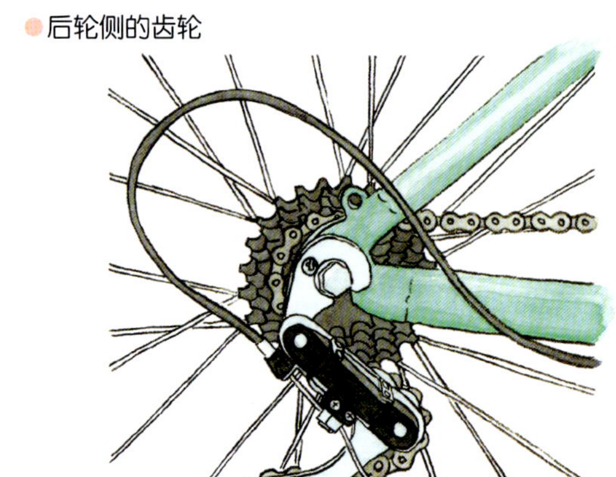

●脚踏板侧的齿轮

前后的齿轮配合可以多大程度改变齿轮比呢？下表就是调查统计的结果。

●齿轮比 = 前齿轮的齿数 ÷ 后齿轮的齿数

18 段式的齿轮比		后齿轮的齿数					
		24 齿	22 齿	20 齿	18 齿	16 齿	14 齿
前齿轮的齿数	50 齿	2.08	2.27	2.5	2.78	3.13	3.57
	42 齿	1.75	1.91	2.1	2.33	2.63	3
	32 齿	1.33	1.45	1.6	1.78	2	2.29

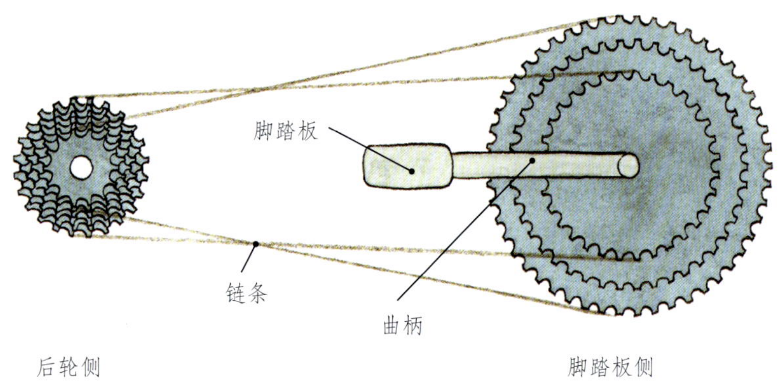

通过该自行车的齿轮配合，可以实现最小 1.33（低速齿轮）到最大 3.57（高速齿轮）的 18 段齿轮比的变换。

齿轮比和脚踏板的重量

齿轮比与蹬脚踏板时感觉到的重量息息相关。

蹬脚踏板带动链条转动时，脚踏板侧的齿轮越小，施加在链条上的力就越大。而后轮侧的齿轮越大，使车轮转动的力就越大。

如上一页介绍的，脚踏板侧的齿轮较小而后轮侧的齿轮较大时，“齿轮比”较小（见黄色部分）。

齿轮比不同带来的相关变化，汇总在下表内。

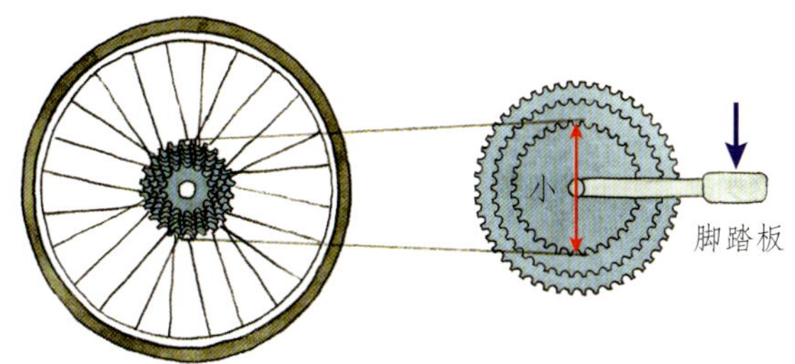

齿轮比大小不同，蹬脚踏板时感觉到的重量也有变化。

即便以同样的力蹬脚踏板，“齿轮比”比较小时，使车轮转动的力更大。结果表明，“齿轮比”比较小时感觉蹬脚踏板更轻松。

“齿轮比”比较小（低速齿轮）	“齿轮比”比较大（高速齿轮）
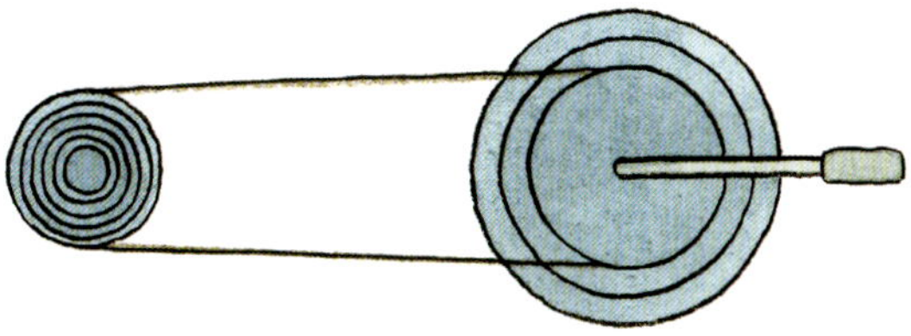 后齿轮 24 齿：前齿轮 32 齿	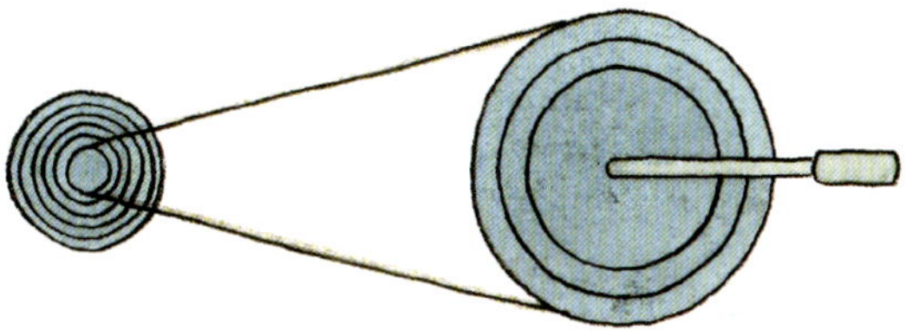 后齿轮 14 齿：脚踏板侧 50 齿
蹬脚踏板感觉轻松	蹬脚踏板感觉沉重
蹬一次只能前进一小段距离	蹬一次能前进较长距离
重视车轮以较大力对地面的向后推力。	重视速度
适合上坡行驶 	适合平地行驶 

做功的原理

“向物体持续施力，使物体向施力方向移动”有个科学术语叫作“做功”。让我们试着比较向正上方提起重物A的“功”和沿着斜面拉动它的“功”吧。

右图中，两种情形下的高度和A重量都相同。斜面的长度设为向正上方提起物体距离的2倍。

此时，沿着斜面拉动A的力，是向正上方提起物体所需力的一半。也就是说运动距离越长（设为2倍），所需的力就越小（即为一半）。而且，无论选择哪种方式提起或者拉起，做功的总量都相同。

该比较中，未考虑提起或拉起重物时产生的阻力。

齿轮比差异与做功的原理

如果我们选择较小的齿轮比，蹬脚踏板就可以不用那么费力。但是蹬的次数增加了。相反，如果我们选择较大的齿轮比，就必须以更大的力蹬脚踏板，蹬的次数相应减少。这就表明，无论如何调整齿轮比，上坡所必需的做功总量不变。这是做功原理的一个生动体现。

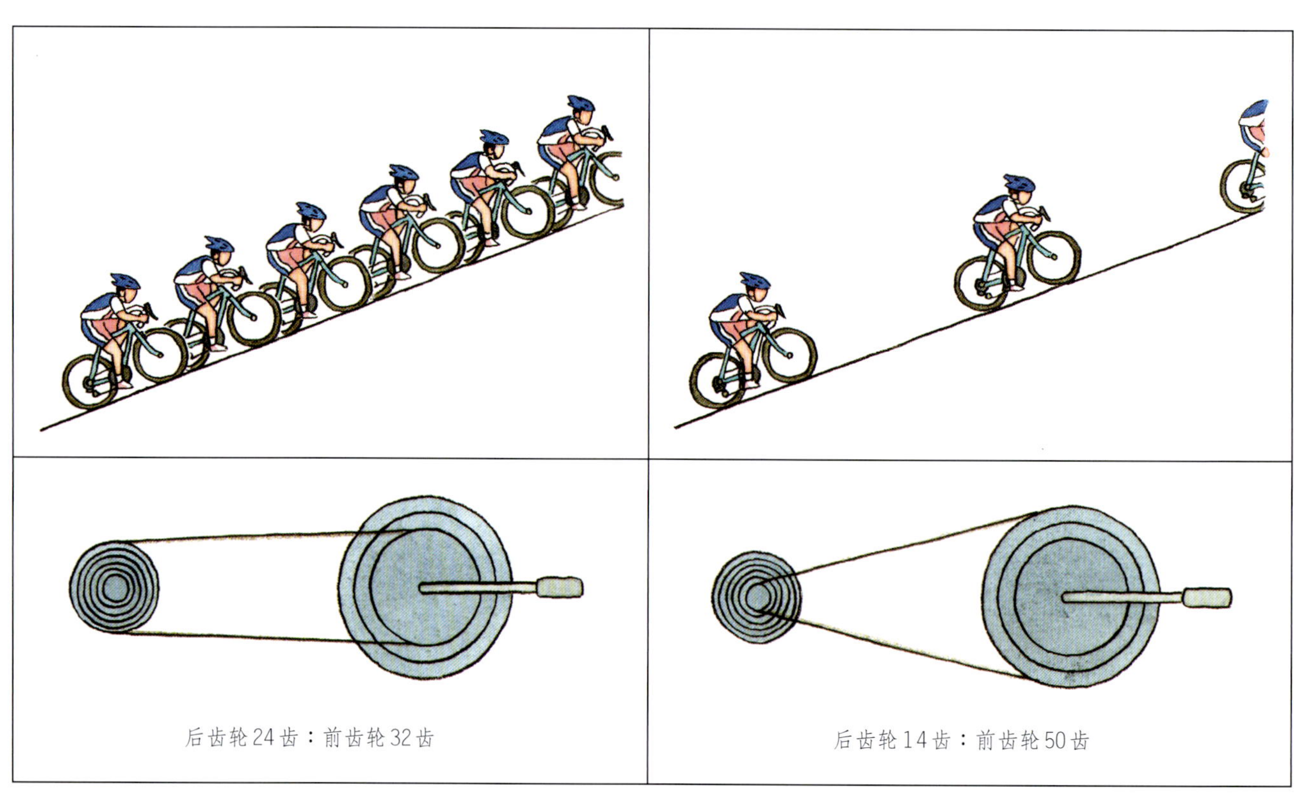

后齿轮24齿：前齿轮32齿

后齿轮14齿：前齿轮50齿

车身虽轻，支撑足够

在确保耐用性和安全性的前提下，为我们出行带来方便的自行车是越轻越好。为了制造出轻便且牢固的自行车，许许多多的厂商和个人付出了极大的心血。

车身构造（车架）

自行车车身的构造（车架）并非实心圆棒，而是中空的钢管。比起圆棒，钢管更坚固且更加轻盈。

●强度比较

	①	②	③	④
以同样长度、同样重量的材料制成的圆棒和钢管的截面				
假设①强度为10，右边是钢管的各自强度数值	10	14	28	68

●重量比较

	①	②	③	④
制造出与上表强度相同的圆棒时，各圆棒的截面				
假设①重量为10，右边是钢管的各自重量	10	12	14	25

自行车车架多选用钢材（主要成分是铁，并且加入了多种金属制成的合金）。

上表中（①～④）对钢材的强度进行了调查。比较同样长度、同样重量的圆棒和钢管可以发现，伴随着直径增大，钢管的强度逐渐增加。钢管④内部镂空且壁厚（钢管壁的厚度）变薄，但强度却大概是圆棒①的7倍。值得注意的是，钢管变得过粗的话，壁厚太薄，与某些物体发生碰撞时极易弯曲变形。在原材料重量固定的情况下，钢管的粗细是有限度的。

下表中②～④表示为了达到上表中②～④相同强度的圆棒具有的重量。从中可以读出，假如要制造出与钢管④强度相同的圆棒，其成品重量是钢管重量的2.5倍。即使强度得以增加，但过重的车架会给拿放、骑行带来困难。

最近，采用比钢材更轻且强韧的碳纤维强化塑料和铝合金制造自行车框架的厂商越来越多。

钻石自行车

自行车的车架是在一个四边形框架的对角线装上斜支柱，等同于两个三角形的组合构造。“斜支柱”就是为了增加四边形框架的强度而倾斜安装的。

如下图中①所示，横梁和地基之间只有钉着的2根支柱的话，极易受外力影响（上下左右），从而变形（②③）。这样的情况下，只要像④那样用一根木材斜着钉住四角的对角，就能很好地避免变形。

带有斜支柱的自行车车架，根据其外形特点，而被称作菱形车架或者钻石车架。

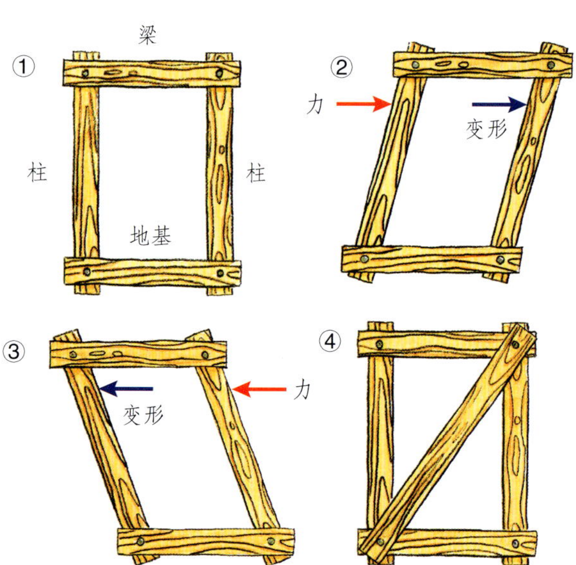

即便四边形的4条边的长度都是固定的数值，它还是极易变化为其他形状的平行四边形，并不稳定。而三角形的3条边的长度都固定的话，其形状也是固定的，不会变形。在建筑的世界，利用三角形单元预防变形的构造被称为“桁（héng）架构造”，这种构造也被许多建筑所采用。

三角形的3条边长度一旦确定，形状就固定下来不会改变。

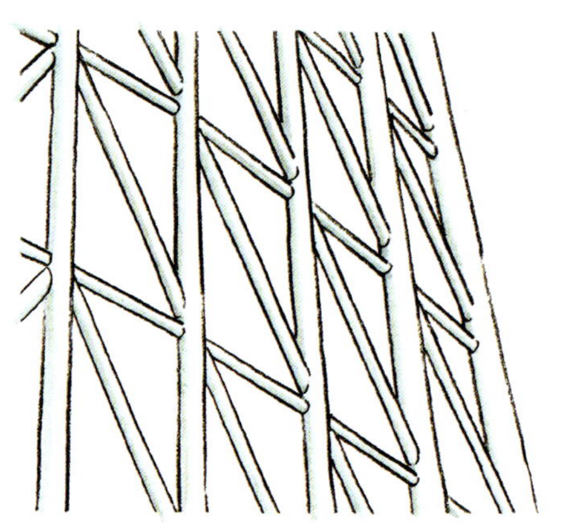

东京天空树的外部装饰也采用了桁架构造。

车轮（wheel）

构成车轮的主要零部件除了轮胎还有车毂（gǔ）、轮圈、辐条和螺纹接管。它们各自的作用如下所示。

①车毂 车轮的中心部分。辐条的一端连接着轮圈，另一端则集中于车毂。

②轮圈 位于轮胎内侧，支撑着车轮的形状，是由金属制成的坚固圆形轮。内侧每隔一段距离就布有小孔，用来固定辐条，其外侧则可以套上轮胎。

③辐条 连接车毂和轮圈的细线。弯曲且呈钩状一端的部分挂住车毂的孔，带有螺纹的一端，凭借螺纹接管固定在轮圈上。

④螺纹接管 将辐条固定于轮圈的小部件。使用专用的扳手（用来调节松紧的工具）使其转动，可以调整辐条的松紧程度。

●车轮的中央部分

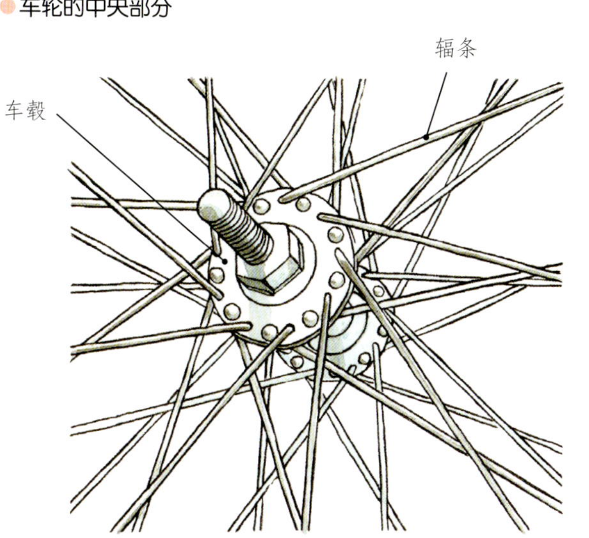

●车轮的轮胎侧部分

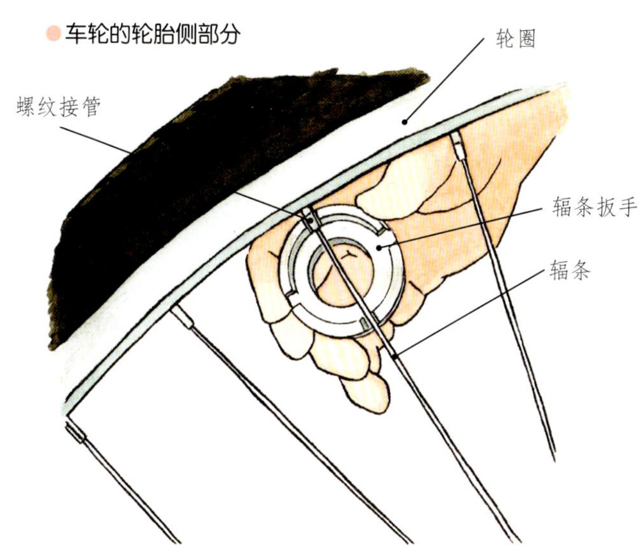

辐条的松紧，可用专用扳手调整。

很轻所以几乎不受风的影响

从车轮的轴延伸至四面八方，并且连接轮圈的极细金属线就是被称为辐条的零部件。早期的自行车都是用板或者棒连接车轮和轴，在引入辐条之后，自行车的重量比以前大幅下降。另外辐条很细，所以几乎不受横向风的影响，可以使得行驶更加平稳。

●辐条的构造

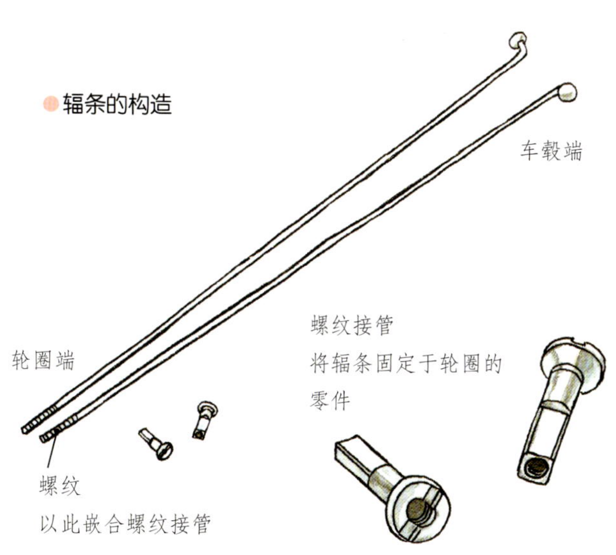

支撑车轴的零部件

辐条是支撑车轴的重要零部件。该零部件所使用的材料也在不断变化。虽然形状从古至今几乎没有变化，但实际上对于“支撑”这一理念已经有所转变。初期的辐条与现在的辐条相比，施力的方式存在较大的差异。

●初期的辐条（从下支撑）

车身和人体的重量集中于自行车车轮、尤其是车轴处。自行车在初期时主要使用木材或坚硬的金属作为辐条的材料，并在轴下植入坚硬的棒料，从下支撑车轴。

●现在的辐条（从上拉扯）

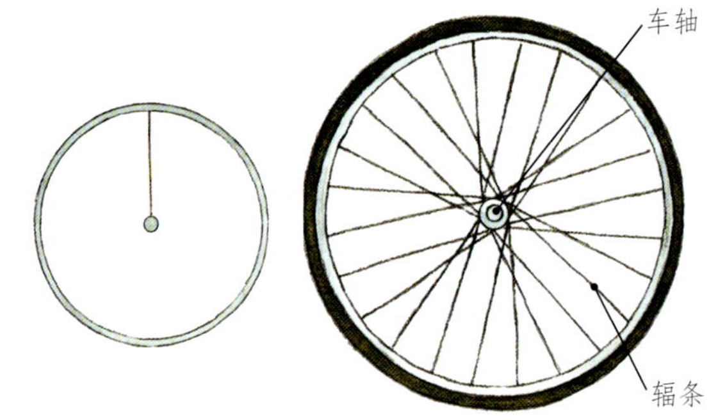

大约在1870年，已经开始有人采用纤细的辐条以期降低自行车重量。这种辐条采用了拉拔加工制成的极细钢铁材料，不仅轻，而且牵引力很强。利用这一特性，自行车设计逐渐摒弃了从下支撑车轴的方式，开始考量从上拉扯的方式。

施加于辐条的张力

人在骑乘自行车时，根据辐条的位置，施加的张力（将物体向两侧牵扯的作用力）会有所变化。辐条虽然可以承受很强的拉扯力，但是受到压力的话则极易弯曲。所以，需要调节螺纹接管，预先设定好合适的张力。

轴正上方的辐条

轴上方的 3~4 根辐条牵引着轴，支撑着车身和人体的重量。一旦向车体施加重量，轮胎的轴会因此而下降，而辐条正是起到了牵引轴不使其下降的支撑作用。也就是说，正上方的辐条，在负担重量时较之前使出了更大的力牵引着轴。

轴正下方的辐条

辐条在受到轴向正下方的车圈的压力同时又受着来自地面的向上支撑力，所以初始状态下施加的张力会有所减弱。但初始状态下施加的张力还是大于两侧传递来的压力，所以不会产生变形。

正上方的辐条被轴牵引着

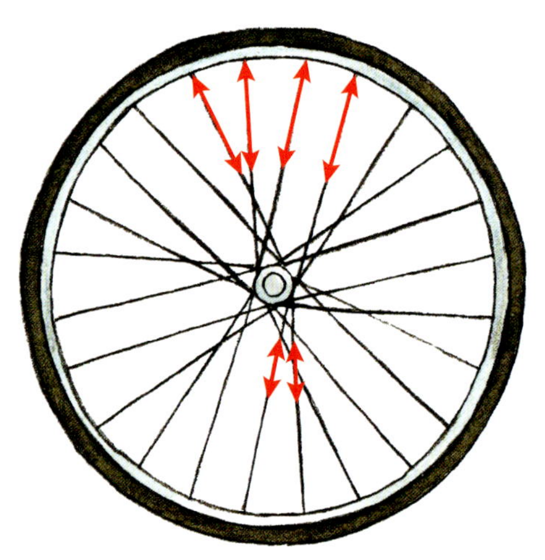

正下方的辐条由轴伸向车圈，而且还受到来自地面传来的向上的压力。

第4章

自行车的构造 Ⅱ

试想行驶中的自行车为什么不会跌倒，人又是怎样在骑行中保持平衡的呢？

自行车将较小的力变为较大的力并加以利用，为保持行驶中的平衡，人们进行了诸多设计与改良。在此章节中，我们将围绕各个零件的运转方式向大家进行介绍。可以明确的一点是，这其中包含着许许多多的心血与精妙构思。

骑车省力，不可思议

骑车时如果想加快速度，那就需要快速蹬脚踏板。如果想降低速度，那就需要按住刹车。如果想改变方向，那就需要扭把手。这一切操作，都应用了“杠杆原理”。

杠杆原理

杠杆，简单地说就是以较小的力实现重物运动的工具。在长板或者棒下取一支撑点，在以支撑点为界限的较短一边放置重物。在较长一边的前端施加一定的力，即便这个力很小，也可以撬动放置于较短一边的重物。

支撑板或者棒的 A 点即为“支点”，施加力的 B 点则为“动力点”，产生较大的力，支撑物体或者使得物体运动的 C 点则为“阻力点”。

利用杠杆使得物体运动，与“距离支点的长度”和“力的大小（物体的重量）”息息相关。如果这两个因素的相乘值在支点的两侧相同，那两侧将保持平衡，呈静止状态，与地面平行。如果某一侧的数值更大，那这一侧就会下沉。这就是“杠杆原理”。右图情况如果用公式表示，即为：

15（千克）×0.6（米）=3（千克）×3（米）

用文字说明的话，即：为了撬起放置在距离支撑着棒的支点的 0.6 米（支点左侧 60 厘米）处的 15 千克砝码，就需要在距离支撑着棒的支点的 3 米（支点右侧 300 厘米）处施加 3 千克（以上）的力。

轻松撬起重物的技巧就是将重物置于支点附近，另外尽可能地在另一侧的远端施力。如果阻力点和动力点距支点的长度相同，那撬起一端的物体就需要在另一端施加和该物体重量相同的力。

我们身边利用了杠杆原理的工具

右边的三幅图都是利用了“杠杆原理”的工具。左侧的两种工具是为了将较小的力转变为较大的力。最右侧的镊子则是将指尖施加的力变小。它们的支点、动力点、阻力点的排布顺序也各不相同。

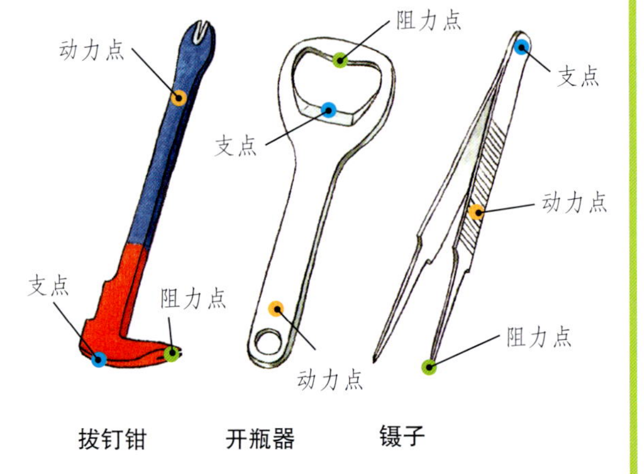

曲柄：传递脚踏板的力

连接自行车脚踏板和齿轮之轴的棒被称作曲柄。踩下脚踏板的力可以通过曲柄从前轮齿轮传递至链条，使得后轮齿轮旋转。

这也是一种“杠杆”。上一页所介绍的杠杆的动力点与阻力点分别位于支点的两侧，但曲柄的动力点（脚踏板）与阻力点（齿轮）都位于支点（齿轮的轴）的一侧。

此时，“蹬脚踏板的力 × 曲柄的长度”与“链条转动的力 × 齿轮的半径”的数值相等。假设蹬脚踏板的力为 1，想要知道齿轮旋转的力是其几倍时，可以用“曲柄长度 ÷ 齿轮半径”进行计算。

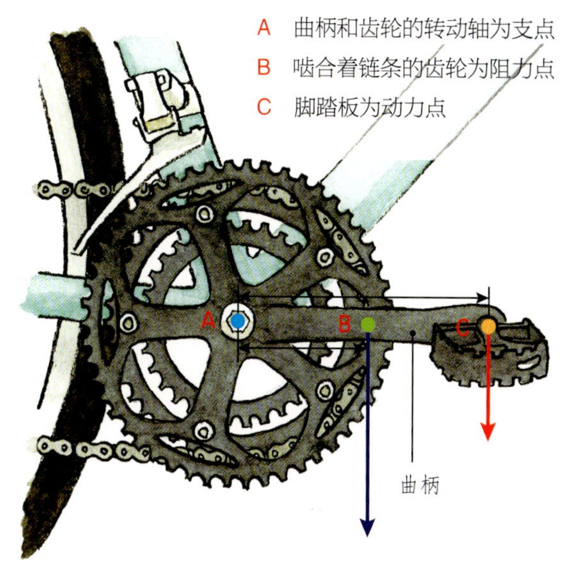

测量第3章（▶ 第58页）中介绍的27型自行车（18段式）后得知，曲柄长度为17厘米，脚踏板侧的3个齿轮的半径从小到大分别为6.5、8.5、10厘米。经过计算，使链条旋转的力，分别是蹬脚踏板的力的17 ÷ 6.5 ≈ 2.6（倍）、17 ÷ 8.5=2（倍）、17 ÷ 10=1.7（倍）。

力的力矩

试着回想一下，我们开门时给门把手施加了与地板平行的力。门以合叶连接的部分为轴转动。这个使得门转动的力的作用被称为“力矩”。力的力矩可以表示为“转动轴到作用线（向着力的方向的直线）的距离 × 施加力的大小”，有关力矩的知识总结如下：

- 施加的力相同时，距离转动轴越远，力的力矩越大。
- 即便力从阻力点沿着作用线运动，力矩的大小仍然不变。
- 力的作用线恰好位于转动轴的正上方时，这个力转动时没有作用（力的力矩为0）

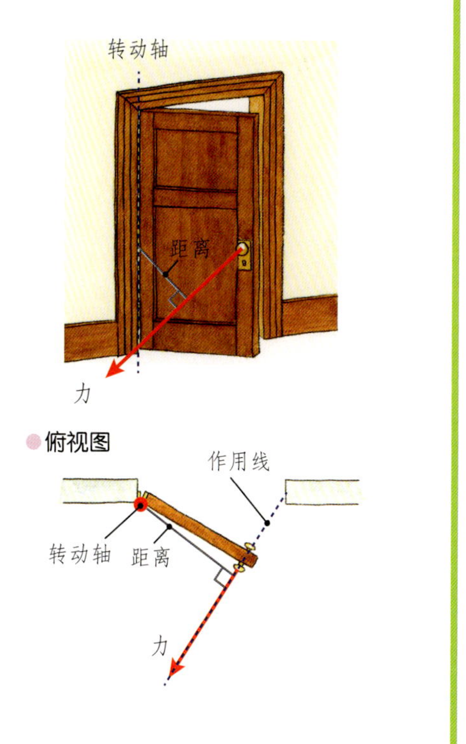

把手：改变前进的方向

把手除了改变前进方向之外，还承担着给骑乘者作为支撑的作用。骑自行车时，只需轻轻握住两端装有扶手的部分，就可以在左右小幅度的摆动中取得平衡。

把手的中央部分固定于把立之中，通过前叉与前轮的转动轴连接。

这一设计中也运用了“杠杆原理”。

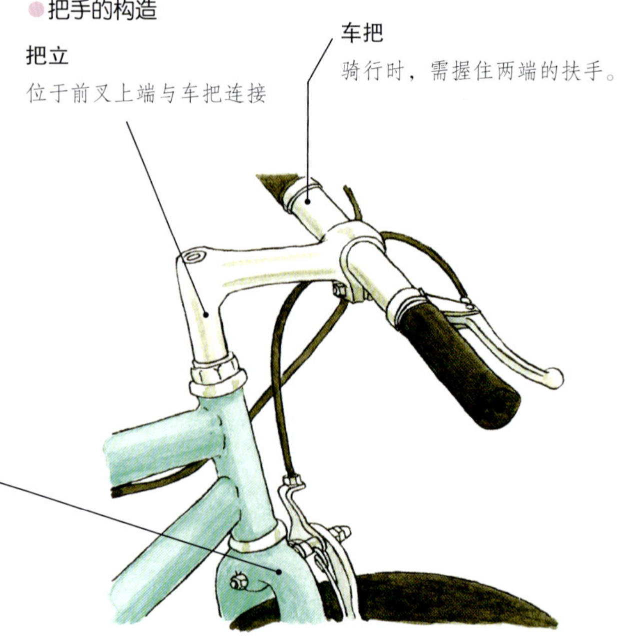

右图是对把手的俯视图。以转动轴部分作为支点，以此为中心左右操纵（红色箭头表示力的方向和强度，深蓝色的箭头表示操纵下的转动方向和幅度）。

假设转动轴距离扶手约 24 厘米，距离前叉大约 3 厘米，那么根据“杠杆原理”，可以计算出骑行者改变着前轮的方向的力约为施加在把手上的力的 8 倍（24÷3）。

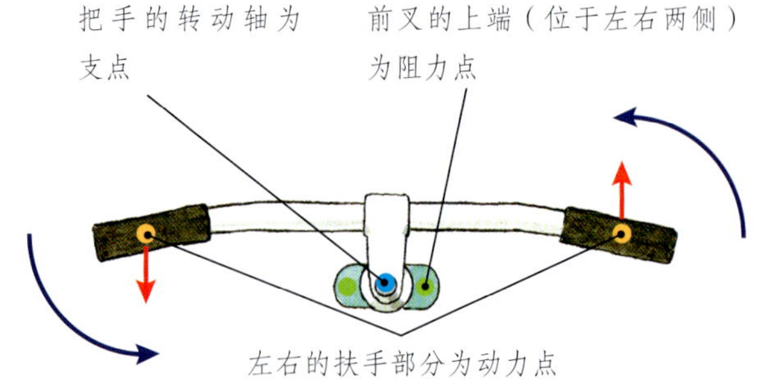

把手的支点两侧共有两个力点，施力于左右扶手。①两手握住扶手时，将左手侧扶手拉近身前，那么右手侧的扶手就会向着外侧移动。②如果将右手侧扶手拉近身前，那么情况就与刚才相反。如果如③④所示，作用于动力点的力朝着同一方向，就不能操纵（转动）把手。作用于左右扶手的作用力大小相等，方向相反，但不在同一直线上时，这两个力就被称作“偶力”。如果以偶力操纵（转动）把手，可以实现事半功倍的效果。所以将施于单侧的力的一半分别施于左右两侧就行了。

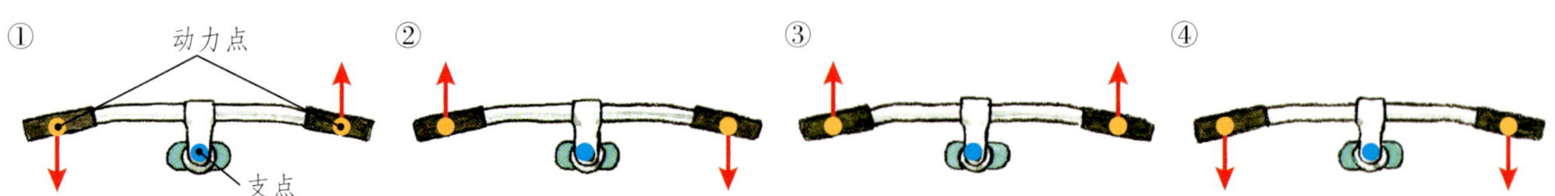

无论将左右哪一侧的扶手拉近身前，把手都会朝向被拉近的方向。

以方向相同的力拉或者推两侧的扶手，并不会转动把手，也不能改变其方向。

刹车：减慢速度

骑自行车的目的当然是加快速度，但是为了骑乘安全，顺利地减速和及时停车也十分重要。实现这一功能的就是刹车。其被安装在把手的左右扶手部位，通过连接的手柄完成操作。前轮刹车和后轮刹车的实现方式并不相同。▶ 详细说明见第 70 页和第 71 页

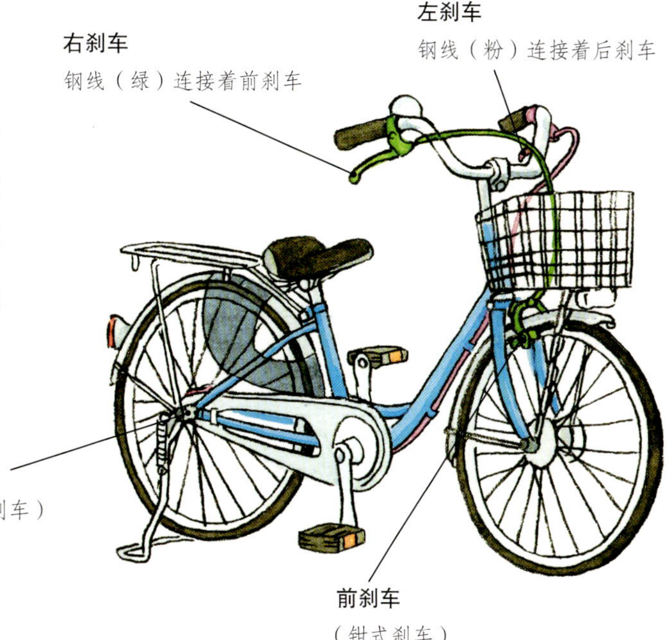

刹车手柄

刹车手柄的末端连接着刹车线的一端，只要紧握手柄，刹车线就会受到牵拉，向前后刹车传递使车轮停止的力（红色箭头表示力的方向和大小）。

刹车手柄也运用了“杠杆原理”。作为支点的手柄转动轴到动力点（手柄）的距离，比支点和阻力点（内部钢丝的一端）的距离长出很多。所以可以用比握住手柄更大的力去牵拉内部钢丝。

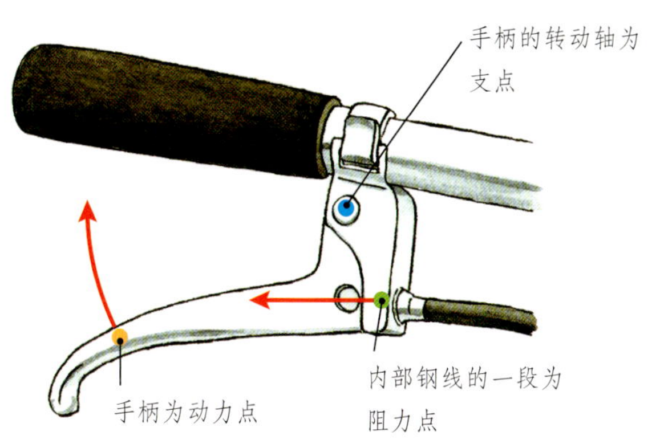

从刹车手柄的支点到手柄的距离大约是10厘米，若到钢线一端的距离约2.5厘米的话，则可以用约4倍（10 ÷ 2.5）于施加在手柄上的力牵拉钢线。

● 刹车线的构造

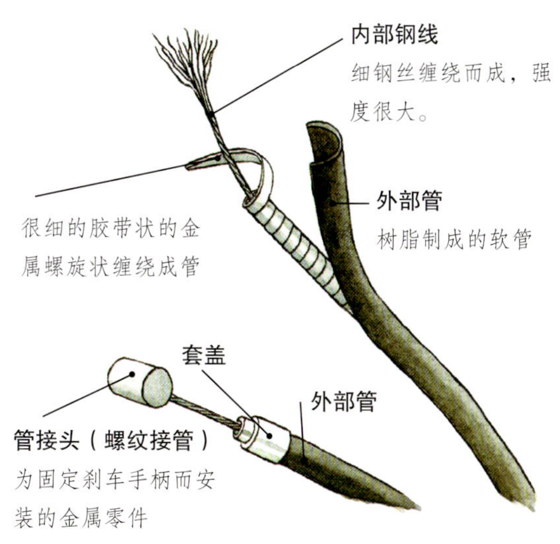

刹车线

连接着刹车手柄和刹车的刹车线被包裹于外部管中（如左图所示的软管），刹车线里为数根金属线缠绕而成的内部钢线。

后轮刹车

后轮刹车大多采用阻止车毂转动的毂刹式刹车。▶ 关于“车毂”的说明可参照第 63 页。

使车轮转动的后轮刹车毂周边，有着用橡胶等弹性材料制成的刹车带贴在金属状带的表面。只要按下刹车手柄，通过内部钢线，牵拉橡皮带，就能由外至内紧压阻止轮毂的转动。紧压轮毂的力可通过按下刹车手柄的力的大小而得到调整。

●后轮的刹车（毂刹式）

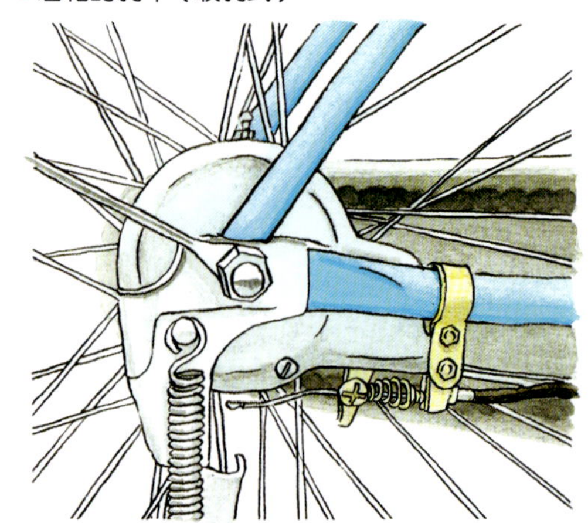

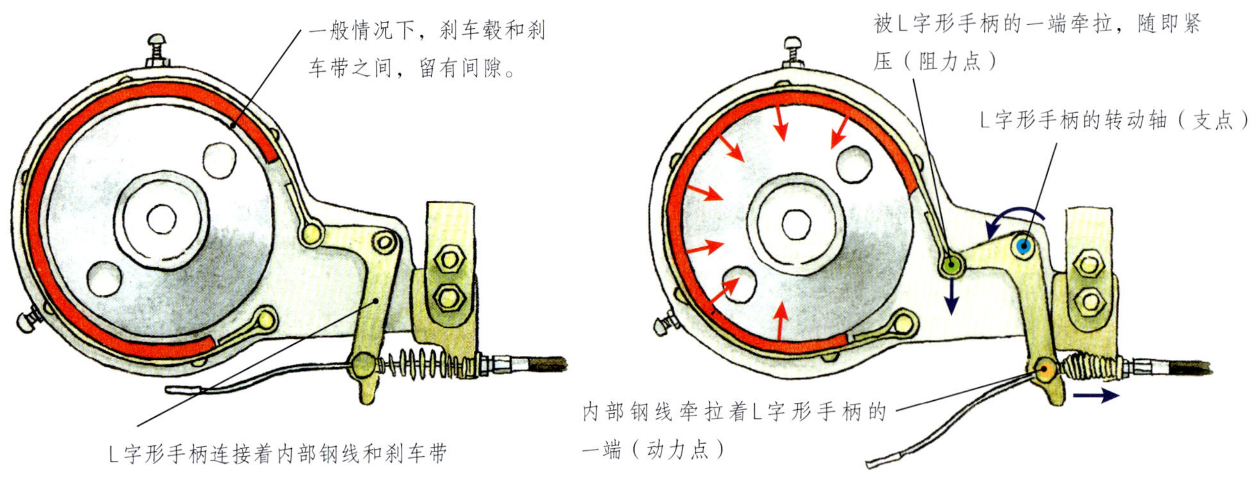

一般情况下，刹车毂和刹车带之间留有间隙，所以刹车毂能够顺畅转动（左）。按下手柄后，内部钢线以L字形手柄为媒介牵拉刹车带，从而阻止刹车毂的转动。

前轮刹车

前轮的两侧各有一块橡胶夹住钢圈，紧压钢圈可以阻止车轮转动，叫轮圈刹车。内部钢线起作用的位置仅限于刹车的单侧的设计被称作钳刹，基本上所有的自行车都采用了这种设计。

●前轮的刹车（轮圈刹车）

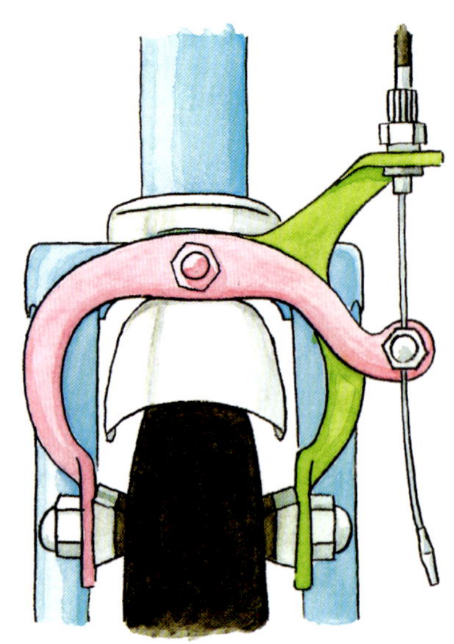

钳式刹车由2枚平整的U字形金属板以一部分重叠的状态，通过共同支点支撑而成。U字形金属板的内侧装有弹簧（以黑色虚线表示）。紧握刹车手柄牵拉内部钢线后，2枚U字形金属板向着反方向转动，橡胶（刹车闸皮）会夹住车轮钢圈，从而阻止车轮转动。

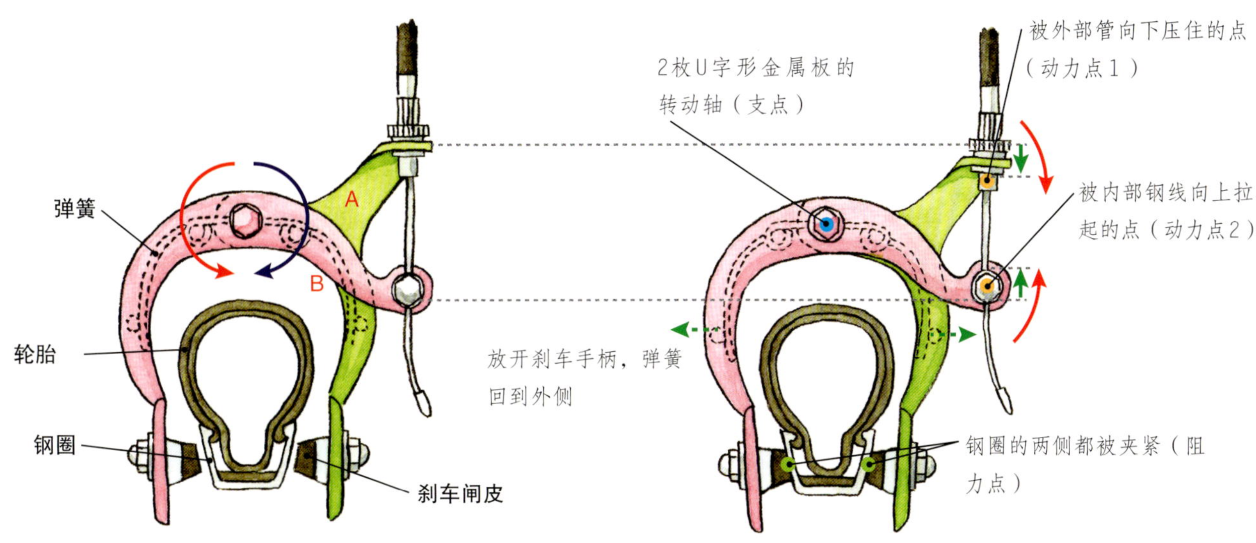

前轮刹车的作用方式

绿色金属板的刹臂A与粉色金属板的刹臂B分别被固定于外部管及内部钢线之上。

1 握紧刹车手柄向上拉起内部钢线，留有多余空间而弯曲的外部管状态如右图左侧状态伸展开来成为右侧的状态。外部管最下的位置下降后，固定于外部管的刹臂A也被压向下方位置。

2 固定于内部钢线的粉色金属板的刹臂B随着内部钢线被向上牵拉，位置也一起向上移动。

3 刹臂A下降，刹臂B上移，金属板内侧装有的弹簧向内侧收缩，弹簧收缩时也产生了回复原本状态的伸展力。左右弹簧以同样状态收缩后，刹臂A下降的长度和刹臂B上移的长度相等。

4 2枚金属板的最下部装有的橡胶都向内侧运动同等距离，左右都以同等大小的力夹住钢圈。

5 手放开刹车手柄后，弹簧具有的回复原本状态的力使得刹臂A与刹臂B回到原本的位置。

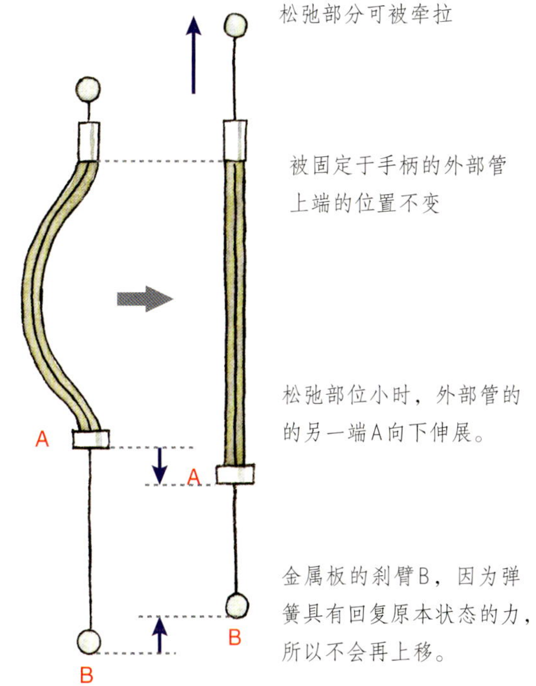

按下刹车手柄后，绿色金属板的刹臂A下降的同时，粉色的金属板B上移，其上移的距离等于A下降的距离。

平稳行驶，神乎其神

自行车如果处于静止状态，不用脚支撑在地面就会立刻倾倒。但是一旦自行车处于行驶状态，反而不会轻易倾倒。这就是自行车设计的特性之一——一旦开始行驶就不容易倾倒。

保持速度和方向的特性

使重物停止很难

试着比较一下婴儿车和卡车维持运动状态的特性吧。如果二者以相同速度行驶，比起较轻的婴儿车，较重的卡车维持运动状态的能力更强，会很难停止。

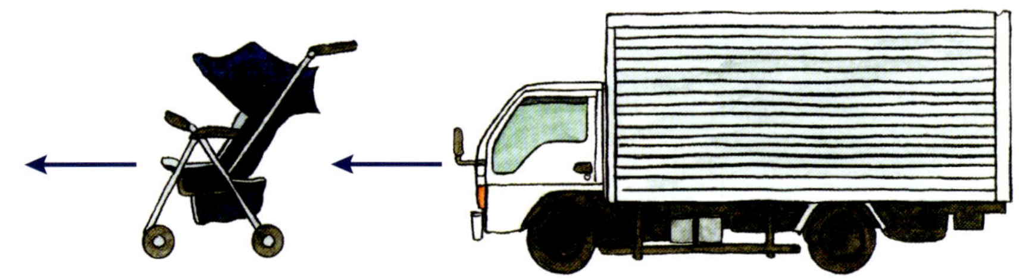

速度相同时，越重的物体越能维持运动的状态。

快速运动的物体停止很难

孩童从高台上纵身跳跃与从矮桌上跳下相比，前一种情况更难停下来。这是由于速度较快时，维持下落的特性更强。

重量相同时，运动速度更快的物体更能维持运动的状态。

很难改变快速转动的车轮的方向

转动的车轮以相同的速度持续转动，拥有保持轴的运动方向的特性。此时，如果存在一个和它形状相同但更重或者转动速度更快的物体，伴随转动运动产生的力量更大，改变速度或者轴的运动方向就更难。

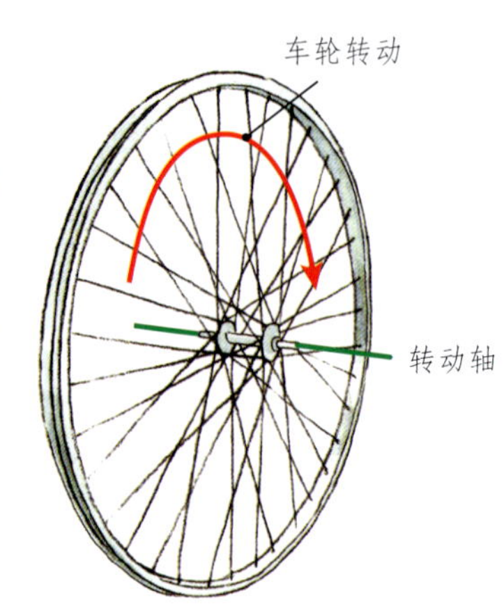

想必大家都有过架起双支架停车架后，在后轮离地的状态下蹬着脚踏板的经历。此时，停止蹬脚踏板，车轮也仍然能转动很长时间。如果转动中的车轮不受到任何阻力，就会持续运动下去。

倾斜着沿曲线前行

“滚铁圈”是一种较为常见的运动项目，大致的内容是用棒推着自行车的轮圈滚动前进。

棒一旦从轮圈的凹槽处挪开，就不能再控制轮圈前进的方向，但轮圈不会立刻倾倒，而是会继续前进一段距离，再慢慢倾斜晃动。倾斜的轮圈会沿曲线滚动前行。

滚铁圈，指用棒控制着前进的方向，推动轮圈。

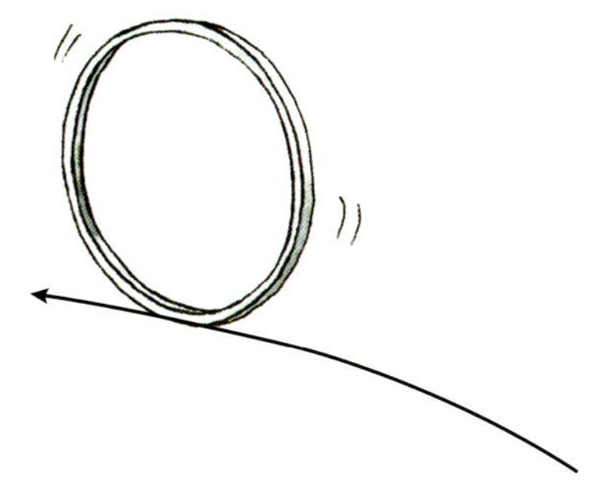

棒即便从轮圈处挪开，轮圈也还会在左右晃动中继续滚行一段距离。

骑自行车也会发生一样的情况。自行车运动并非笔直前行的状态，不论偏向哪个方向，自行车只会向偏向的一测沿曲线平稳前行。实际骑行时也利用了这一原理控制转弯的方向。

角度和速度

自行车转弯的曲线幅度，决定于自行车的倾斜角度和速度这两项要素。

①自行车以相同速度前行时，自行车偏向大的一方为急转弯状态，较小的一方则是平稳转弯状态。

②自行车偏向一样时，自行车的速度较慢的一方为急转弯状态，较快的一方则是平稳转弯状态。

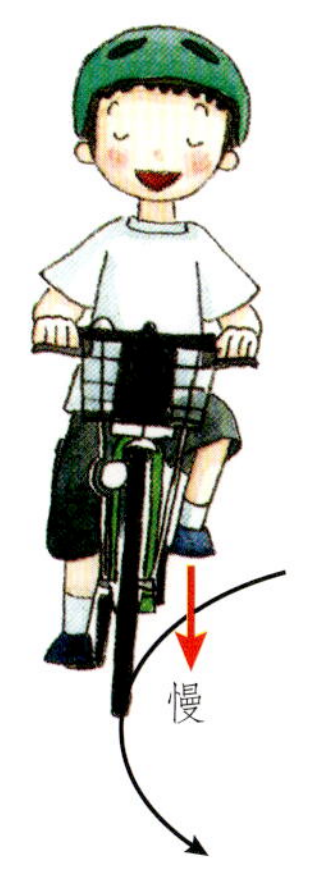

上述内容的总结如下：

- 弯度较大的情况下想要转弯，可以加大自行车的偏向角度，或者减慢速度。
- 弯度较小的情况下想要转弯，可以减小自行车的偏向角度，或者保持一定速度转弯。

前轮的偏向与把手

凭借单条脚撑停靠自行车，如右图所示，都会出现车体向有脚撑的一侧（左侧）倾斜的现象。此时，车轮会向车体倾斜的一侧倾斜，把手也会随之偏向同一侧。为什么把手也会向左倾斜呢？

凭借单条脚撑停靠自行车时，前轮和把手一定会向车体倾斜的一侧倾斜。

关注前叉的角度

仔细观察一下自行车的前叉。可以发现其前端部分带有一定弧度。

右图中深蓝色线是从 X 到 X' 连接把手的转动轴的一条直线。以这条线为界试着将前轮一分为二，根据前叉的弧度，把手的转动轴实际上位于前轮中心靠后的位置。

前轮的前侧 A 部分要比后侧 B 部分范围更大。也就是说，前侧 A 要重于后侧 B。

自行车向一侧倾斜就是因为上述重量存在差异，产生了使前轮向着倾斜方向转动的力。此时，与前轮连接的把手，自然会随着车体的倾斜而摆动（转动）。

以转动轴 X—X' 为分割线的前轮

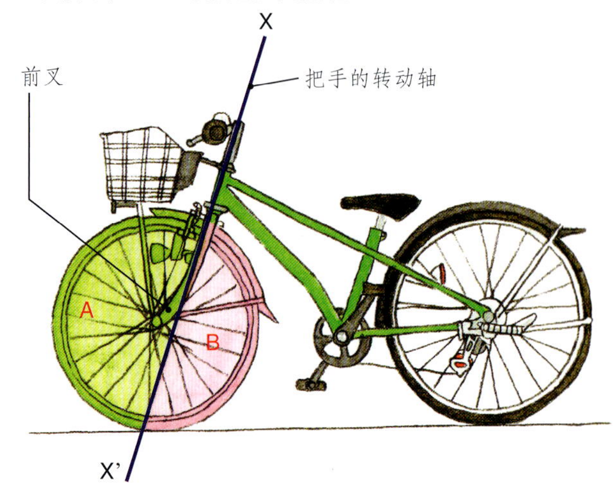

自行车向左倾斜时把手的摆动方向

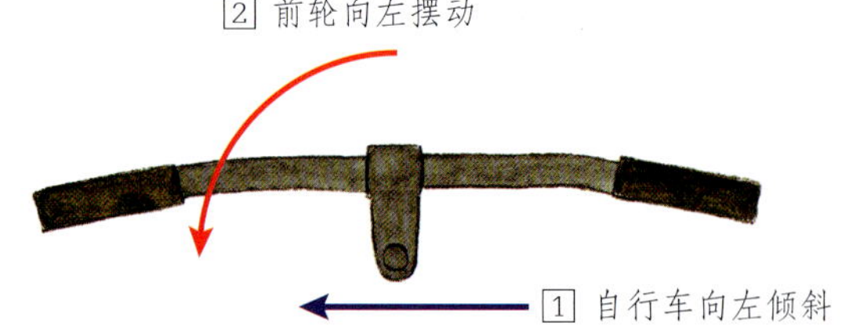

由于A部分比B部分更重，A部分“力的力矩”要远远大于B部分“力的力矩”。所以前轮会向着自行车倾斜的方向倾斜。自行车的前轮倾斜是因为转动轴前后的重量有差异，这种情况被称为“前轮的重量效应”。

离心力的作用与自行车

物体转动时，有个将物体从中心向外牵引的力在起作用。这个力被称作“离心力”。

比如，游乐场的旋转秋千一旦转动，受离心力影响，会被慢慢牵引向外侧。此时，乘坐秋千的人会在感到飘起的同时，受到向外牵引的力的影响。随着转动速度加快，秋千会更向外侧倾斜。转动速度越快，离心力越大，受到向外牵引的作用也越强。

拐弯时自行车不摔倒的原因

骑自行车拐弯时，身体稍稍向内侧倾斜，可以在保持不摔倒的前提下平稳地拐弯。这其中蕴含着什么道理呢？

车轮与地面接触的点是支点时，骑乘者和自行车的重量（红色箭头示重力）作用于曲线的内侧，自行车可能会摔倒。

此时的自行车以曲线的半径长度做圆周运动。与旋转秋千相同，此时受离心力影响，有向外侧牵引的力在起作用。正是离心力使得自行车保持立起的状态。

摔倒方向的力的力矩（橙色箭头）和立起倾向的力的力矩（深蓝色箭头）相互抵消，所以自行车可以在倾斜状态下平稳地转弯。

自行车做圆周运动时，会有向外的离心力在起作用。如果圆周运动的速度变慢，那离心力也会变小，也就不能继续前进，而是摔倒。

●在自行车上起作用的离心力

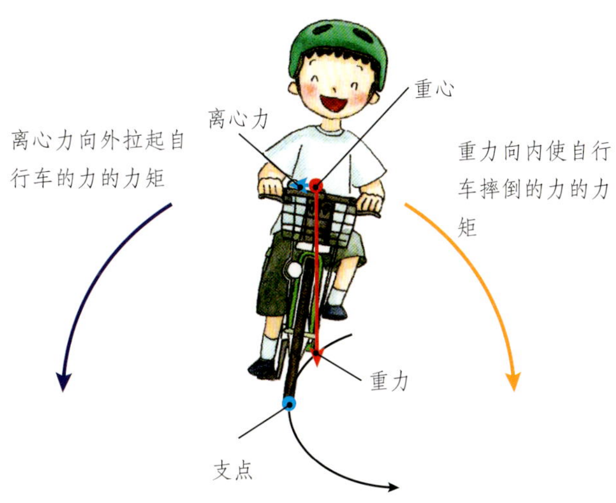

平衡与离心力

骑自行车时，车整体向右倾斜，把手也向右转动，而车整体向左倾斜，把手也会向左转动。从正面来看，与拐弯时的姿势有点相似。此时有很微弱的离心力在起作用，将自行车向倾斜的反方向“拉起”。离心力恰到好处地起到作用，维持了自行车平稳行驶。▶第 38 页

自行车有倾斜的趋势时（①），把手会向倾斜的方向转动，前轮也偏向倾斜的方向（②）。此时有很微弱的离心力在起作用（深蓝色箭头），拉起车身和人体。自行车恢复到笔直前行的状态所需的力，根据计算恰好等于离心力的大小。只要稍稍向反方向施力，就能回到原本的姿势（③）。

离心力是“虚拟力”

自行车要承受骑行者和自行车车身的重量（重力），以及地面对车轮的反方向压力。自行车倾斜着沿曲线前进时，上述两种力结合成了向着圆心（前行的曲线即该圆周的一部分）的力（①）。这个力与自行车前进方向呈直角，所以不会使车速加快或减慢，只会使自行车的前进方向与圆的圆心呈直角。离心力是与之相对的反方向作用力，两种力互相抵消（②）。

与物体间作用力不同，离心力只是在物体进行圆周运动时，运动的物体感受到的力，在其他情况下不会出现。所以这个力又被称为“虚拟力”。

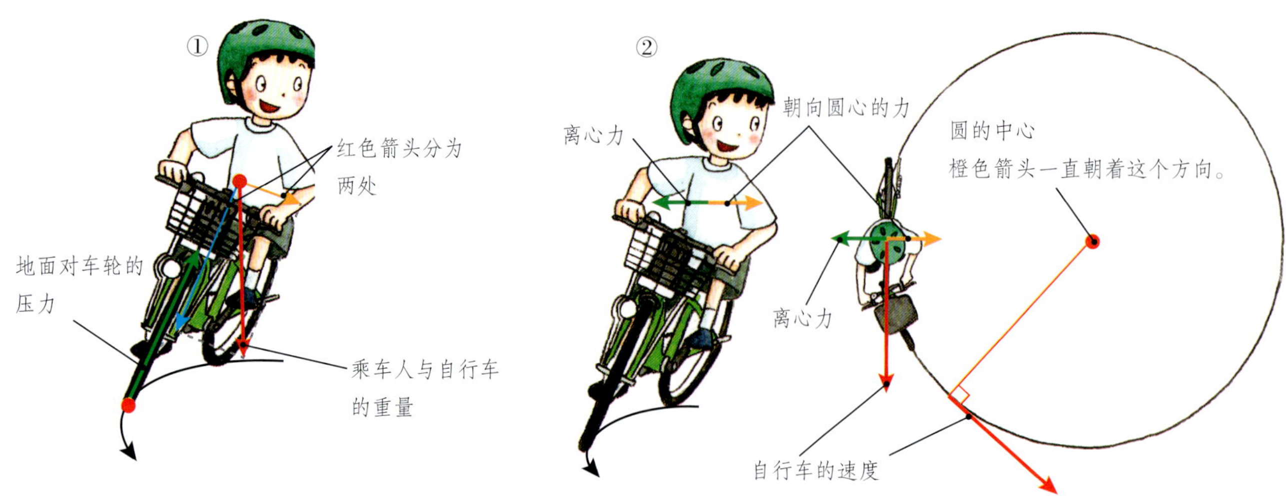

从偏移的前进方向回到原轨迹

虽然一眼看去感觉不是一类东西，但自行车的前轮其实和钢琴或平板车上的脚轮构造相同。这两种车轮接触地面的点（接地点）都位于改变车轮方向的转动轴与地面交界点之后。多亏这一设计，哪怕前轮的前进方向有所偏移也会受到力的作用而自动回到正面前进。

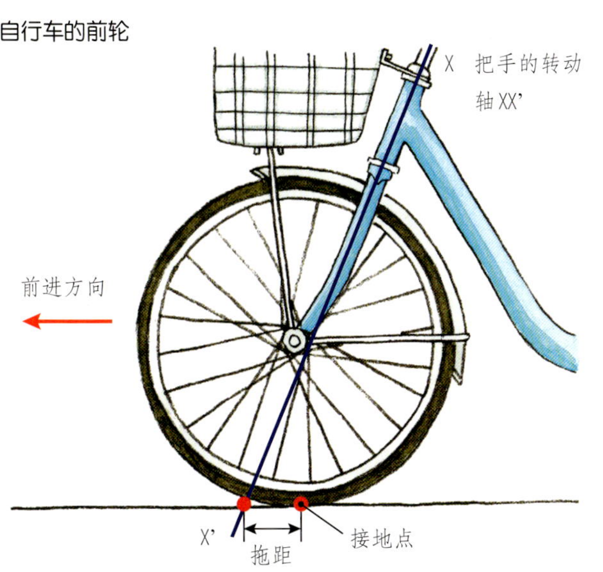

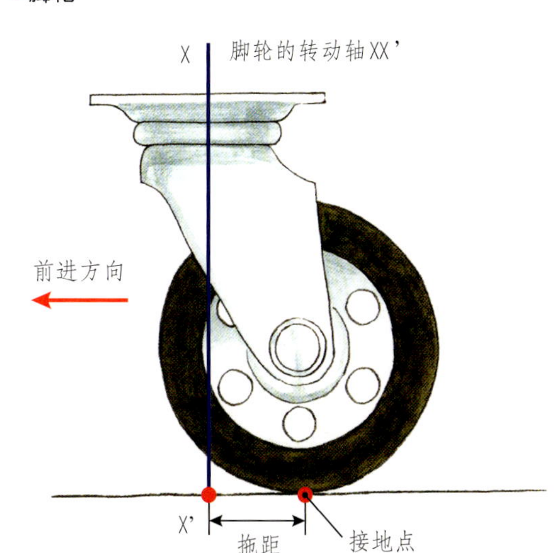

接地点和转动轴与地面交点间的距离被称作拖距。拖距越长，就能稳定地笔直前行更远。这也是不蹬脚踏板自行车还能笔直前行的原因。

前轮朝向正面的原因

怎样才能使车轮的朝向回到正面呢？让我利用骑车时的俯视图（由）来说明吧。

自行车和前轮车轮的位置一旦偏离前进方向，接地点处会有与前进方向相反的摩擦力（红色箭头）起作用。

该摩擦力分解为了沿着前轮方向和与前轮垂直方向的两个力（黄色箭头）。自行车继续保持前进的话，凭借大小可以影响“与前轮垂直的力”和“接地点到 XX' 轴的距离”的力的力矩，前轮的朝向又回到前行方向上来。

因为车轮与地面接触的点受到地面传来的力，所以车轮的朝向遵循自行车前进的方向。正是依靠这个原理，自行车得以笔直前行。

经久耐用，难以置信

距离较长时，骑自行车较步行或跑步要轻松得多。自行车上配备了减轻骑乘者负担的零件，采用了符合人体构造的设计。

边骑车边休息

骑自行车必须要施力使得脚踏板转动（蹬脚踏板），这样才能将力通过链条传递至后轮，推动前进。但是行进过程中，也并不需要不停地蹬脚踏板。这是因为自行车拥有可以让脚休息片刻（飞轮）的设计。

一般的自行车后轮的齿轮内侧附有为铰接棘爪的凹齿（棘齿），其作用是控制链条和后轮间的力的传递。棘齿只在链条向前转动时运转，一旦停止蹬脚踏板，棘爪就会与棘齿分离，后轮就能摆脱随链条转动的限制独立运动。开始行驶之后，后轮依靠“惯性”继续前进。骑乘者在速度明显下降之前，双脚都可以得到充分的休息。▶第 55 页也介绍过飞轮的相关知识

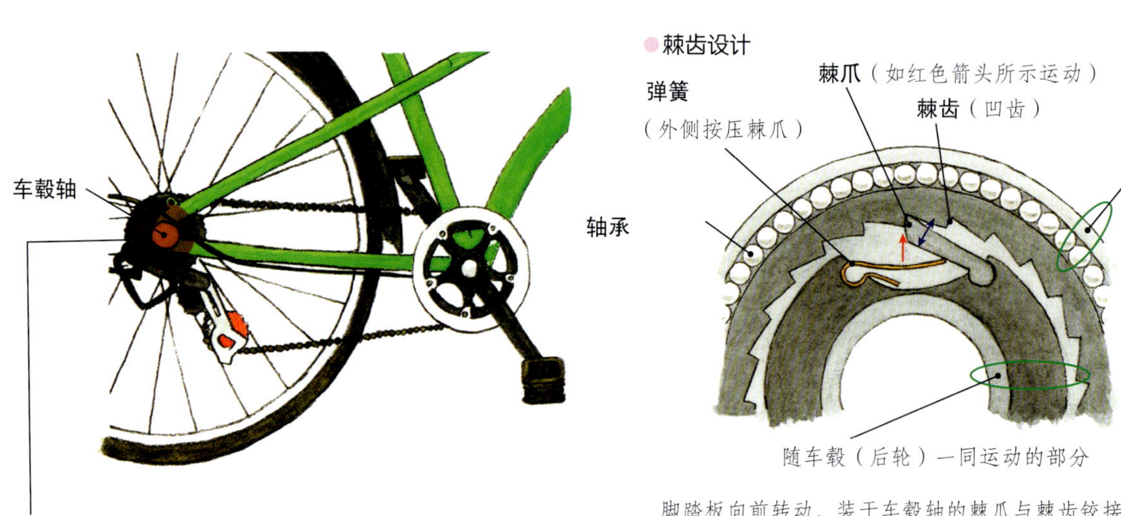

从外部不可见，棘齿装于齿轮的内侧。

脚踏板向前转动，装于车毂轴的棘爪与棘齿铰接，将齿轮转动传递至车毂轴。

●**棘齿的作用** 红色箭头表示齿轮的转动方向，深蓝色箭头表示车毂轴（车轮）的转动方向。

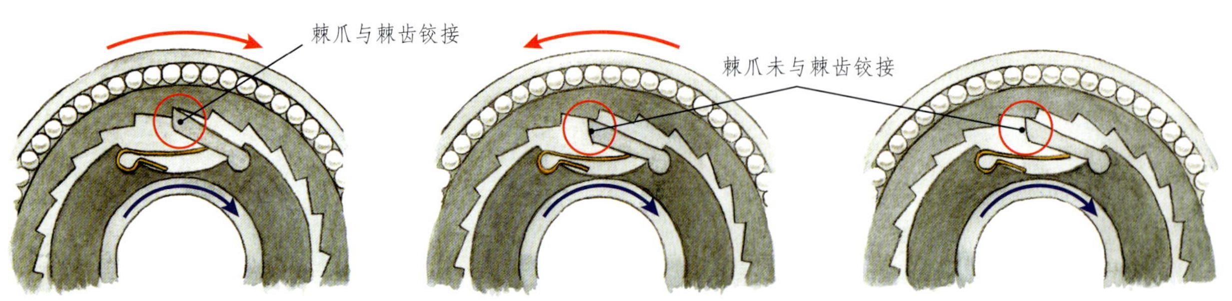

使链条向前转动

使链条向前转动后，齿轮便向前转动。这时棘爪与棘齿铰接，车毂轴也一同转动。

使链条向后转动

使链条向后转动后，齿轮便向后转动。这时棘爪未与棘齿铰接，车毂轴处于空转。

停止蹬脚踏板时

停止蹬脚踏板后，链条与齿轮也会停止转动。这时棘爪未与棘齿铰接，车毂轴处于空转。

保证转动顺畅的滚珠轴承

自行车上很多地方都在做着转动运动（图中以○进行标注）。这些转动轴上都使用了保证转动顺畅的滚珠轴承。

● 自行车上做着运动的位置

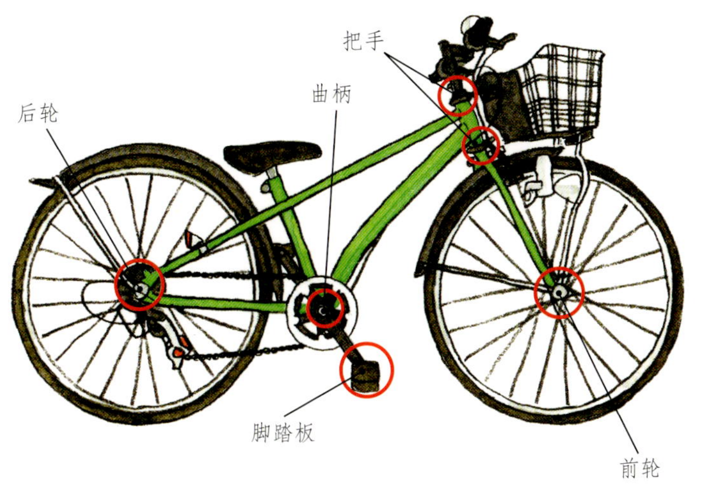

● 滚珠轴承的构造

滚珠轴承中装有滚珠和油。油形成的膜可以减小摩擦，使得相接的部分滑动顺畅。

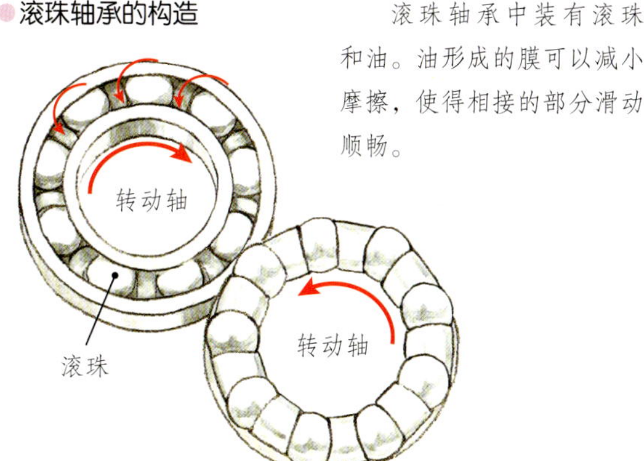

转动轴正是从正中的孔穿过。转动轴转动时，与轴接触的各个滚珠也随之一起转动，所以轴得以顺畅转动。

起到缓冲作用的外胎与内胎

自行车外胎由既厚且硬的橡胶材料制作而成，内部则是柔软的橡胶制成的内胎（储存空气的部分）。充入空气的橡胶轮胎具备弹性，骑车经过坑洼小道或石子路上时，抑或者是落差较大的路况下，轮胎会通过材料的变形起到缓冲作用，便于提高我们骑行的舒适程度。

● 轮胎的构造

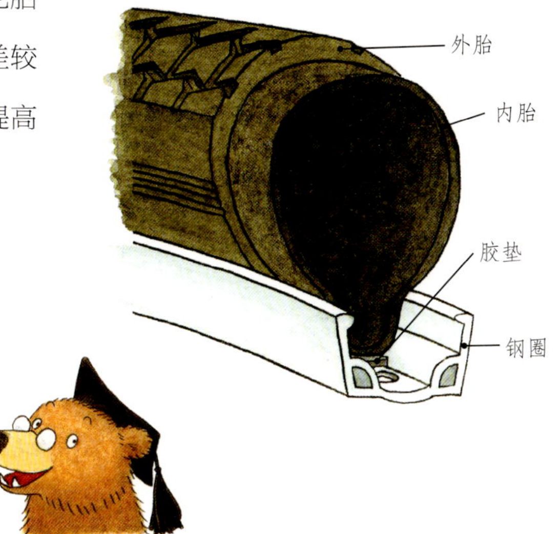

充入空气的橡胶轮胎在19世纪末期由苏格兰兽医邓洛普发明。该发明的灵感据说来源于胶皮软管和足球。橡胶的性质之一是受力时会伸展或是收缩，去除施加的力，橡胶就会回到原先的形状。去除对物体施加的力后，该物体恢复原先形状的改变被称作“弹性变形”。

● 车轮使用的内胎与外胎的材料性质及各自作用

名称	材质	橡胶性质	作用
内胎（中间）	薄橡胶	柔软，易伸缩	储存空气，吸收地面的冲击
外胎（外侧）	厚橡胶	较硬，难伸缩	对较薄且易受损内胎起到保护作用

车胎和空气压

地球上，地表到上空之间积累的空气对地面的压力（大气压），为 1 个大气压（约 100 千帕）。

而城市自行车的胎内气压一般是外界气压的 3 倍，达到 3 个大气压，也就表示此时的内胎从外界受到 1 个大气压（约 100 千帕）压力，从内侧受到 3 个大气压（约 300 千帕）压力，所以由较坚硬的外套包裹住的内胎因为内部压力而稍稍膨胀。

▶第 18 页

人骑上去之后……

人骑上车后，全身重量也压在车身之上，比之前单纯的车身重量要重不少，轮胎和地面间的相互作用力也随之变大。而且，轮胎和地面接触的部分较人未骑上车时更扁，轮胎和地面接触的面积（接地面积）也就增大了。

虽然轮胎和地面间的相互作用力增大，但接地面积也随之变大，力得到分散，与胎内的 3 个大气压保持平衡。

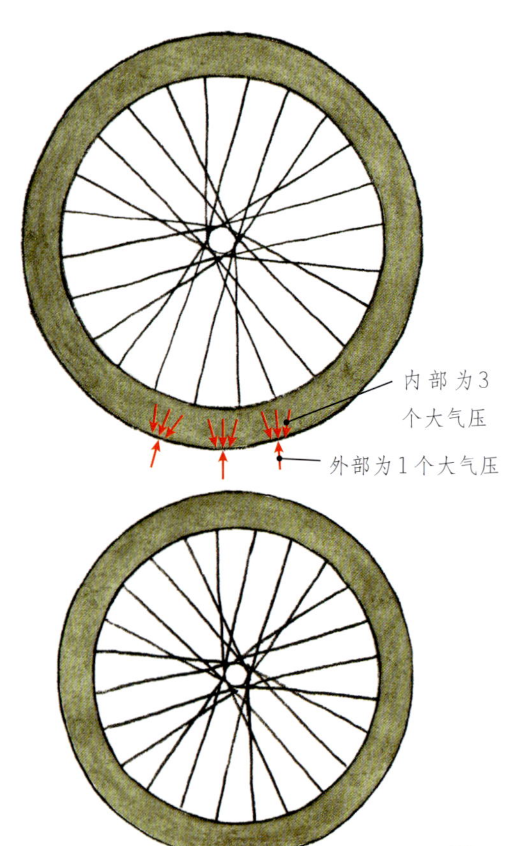

轮胎承受着自行车车身与骑乘者的重量，所以与地面接触部分变扁，接地面积增大。

气阀——防止逆流

气阀其实就是向内胎充入空气部分的阀门，因为使用了胶管，可以防止充入内胎的空气向外逆流。

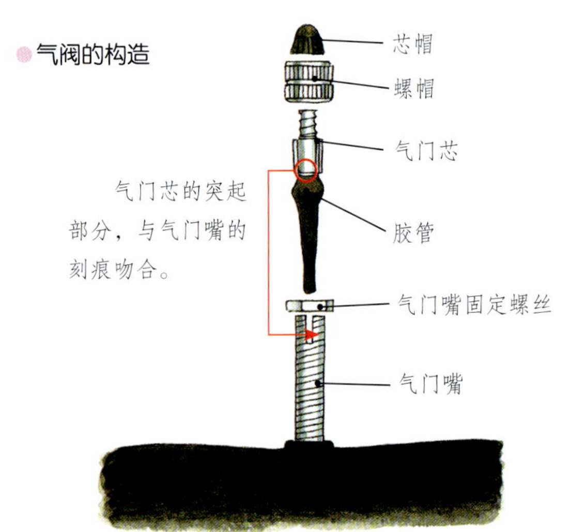

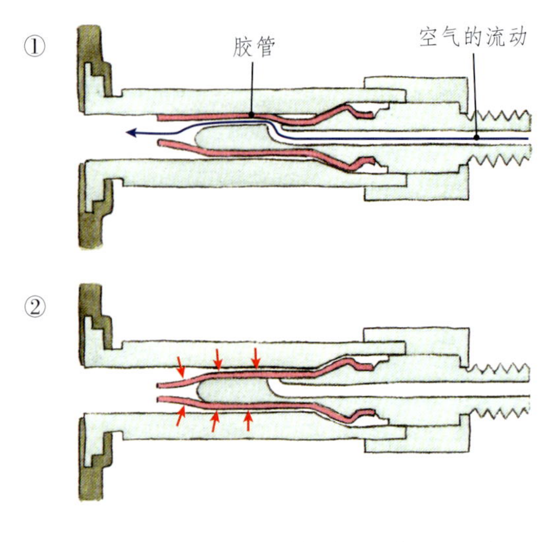

①被充入的空气有向外流动的趋势，胶管在压力作用下，与气阀外侧之间出现了间隙，空气由此进入内胎。

②胶管受内胎中空气压力影响，被气阀挤压，所以充入其中的空气不会逆流。

自行车的形状与骑乘舒适度

不同种类的自行车的把手与坐垫形状、高度都因车款不同差异很大。这是因为与乘车姿势不同，支撑身体的位置和所承受的力的大小有所改变。为了追寻各自的舒适骑乘姿势，在自行车设计方面可谓是凝聚了人类的心血与智慧。

城市自行车

为保持接近直立的骑车姿势，需要骑车人自然地握住把手，所以把手一般比坐垫高出 15 ~ 20 厘米。

骑乘城市自行车时，需稳稳地坐在坐垫上，挺直腰板蹬车。上半身的重量几乎都置于腰部。

专业运动自行车

适合长距离骑行，起速快的自行车的把手采用了向下弯曲的羊角把手。把手的位置与坐垫齐平或者稍低，握住把手的位置可以随着姿势变化。这样的设计优势在于可以减小风的阻力，避免身体的过度疲劳。

专业运动自行车为了减小空气阻力需要实现前倾姿势（身体向前倾的姿势），将上半身的重量分散至腰和手腕处。站立蹬车时，人体重量分散至脚和手腕。

提供舒适骑乘条件的坐垫

自行车承受的重量（骑乘者的体重）由自行车与人体接触的3点（坐垫、把手、脚踏板）支撑。其中，坐垫支撑了绝大部分重量，所以坐垫的形状和选材在很大程度上决定了骑乘的舒适度。

形状各异的坐垫

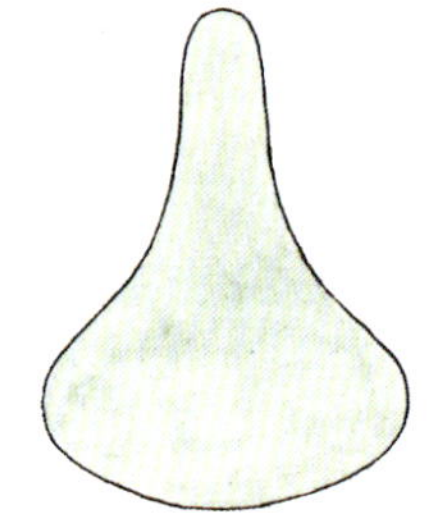

城市自行车的坐垫

骑乘城市自行车自行车时，人的上半身重量几乎都压在坐垫上，若能将该重量分散，就能减轻臀部的负担，所以这类自行车采用了面积更大的弹簧式坐垫。

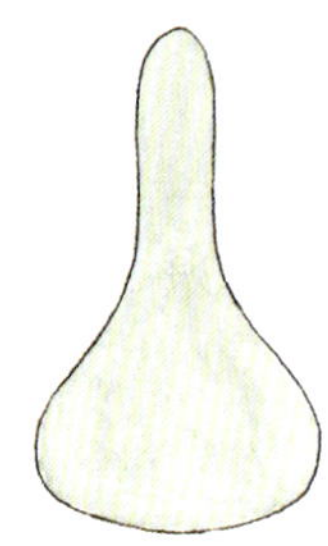

专业运动自行车的坐垫

骑乘专业运动自行车时，人的体重分散至手和脚，没有必要采用面积较大的坐垫。而是更多地从不影响蹬脚踏板的角度考虑，削减坐垫的面积。而且，也没有必要采用弹簧式坐垫。

坐垫的调整

对坐垫的高度和前后位置进行灵活调整，可以省去一些多余的力，不必过于频繁地蹬脚踏板。

坐垫高度的调整

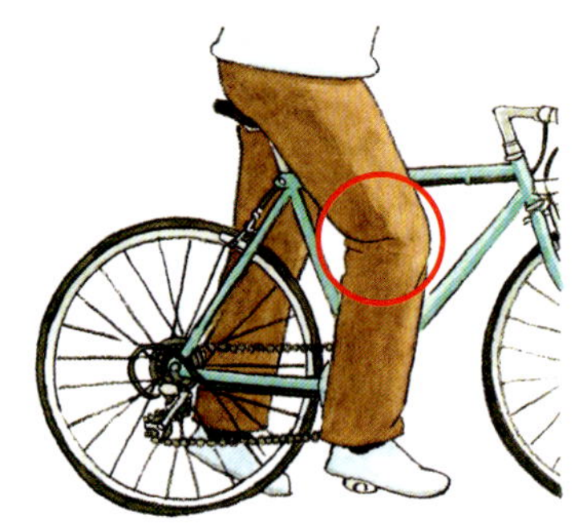

将一侧的脚踏板踩到最低处，跨坐在坐垫之上，脚跟触及脚踏板时膝盖可以微微弯曲为基准进行调整。如果坐垫高度超过这个标准，脚踏板处于最下方时脚会触及不到脚踏板。如果坐垫高度低于这个标准，蹬脚踏板时又会过于拘束，带来不便。对于骑自行车尚不熟练的人群来说，调整坐垫高度时，以双脚能触及地面为宜。

坐垫位置的调整

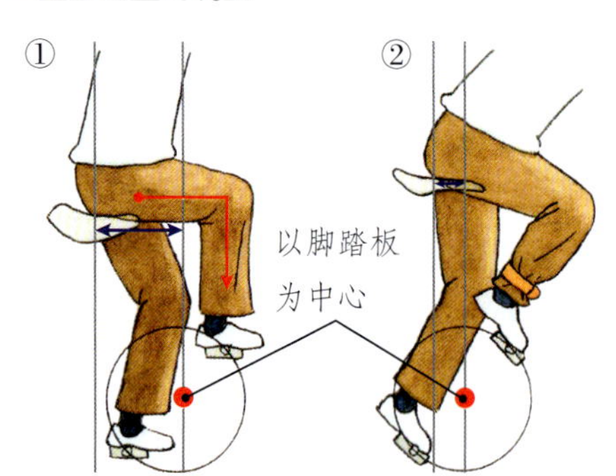

城市自行车车型的坐垫中间部位与脚踏板中心间的距离被设计的较长，与之相对，专业运动自行车的这段距离则被设计得较短。

骑着城市自行车（①）时，脚踏板从正上方运动至斜45度时，位于膝关节正下方的脚踏板中心也会随之调节（红色箭头）。坐垫位置如果过于靠前，在蹬脚踏板时很难向下用力，如果过于靠后的话，则很难蹬脚踏板。专业运动自行车（②）因为需采用前倾姿势骑行，其车身前侧也分担了一部分的体重，所以坐垫的位置被设计在比城市自行车更加靠前的位置。

坐垫的构造及供调整的位置

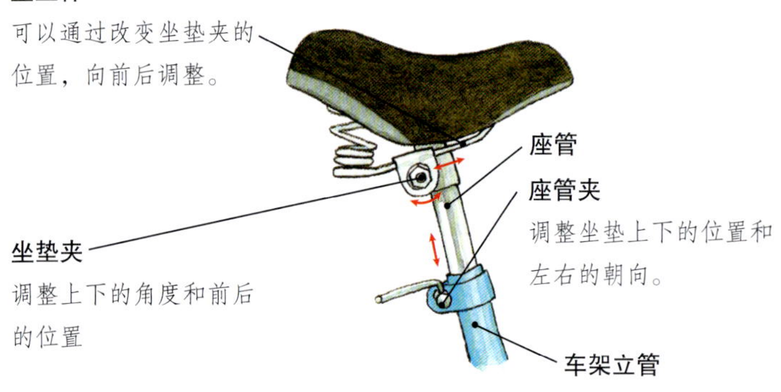

"坐垫"这个词在英文中是"saddle"，本来是表示马鞍。之所以现在代指坐垫，可能是因为早期的自行车形状像马一样。

第5章

自行车的运动与能量

不仅仅是自行车，所有的物体在开始运动时，必须被施加力。持续施加力，是使物体开始运动的“必备工序”。而力的根源是能量。在此我们试着从各种角度出发，去了解能量和运动关系。当然，我们也将详细介绍阻碍运动的力（阻力）。

自行车提速

自行车以相同速度行驶时，经过的距离与骑行的时间成正比，即以相同比例增长。以相同大小的力持续蹬脚踏板的话，速度则会不断加快。

自行车匀速行驶

以下的 3 张图都是表示自行车以相同速度行驶时的状态。①是从横向观察自行车行驶状态，我们可以了解到自行车每秒前进 2 米。②是以行驶距离为横轴，时间为纵轴制成的图表。图中的斜线呈一条直线。③是表示每秒前进距离的图表，横条的长度表示速度。因为自行车以相同速度行驶，横条长度全部相等。这样以相同速度行驶的状态就是匀速行驶。

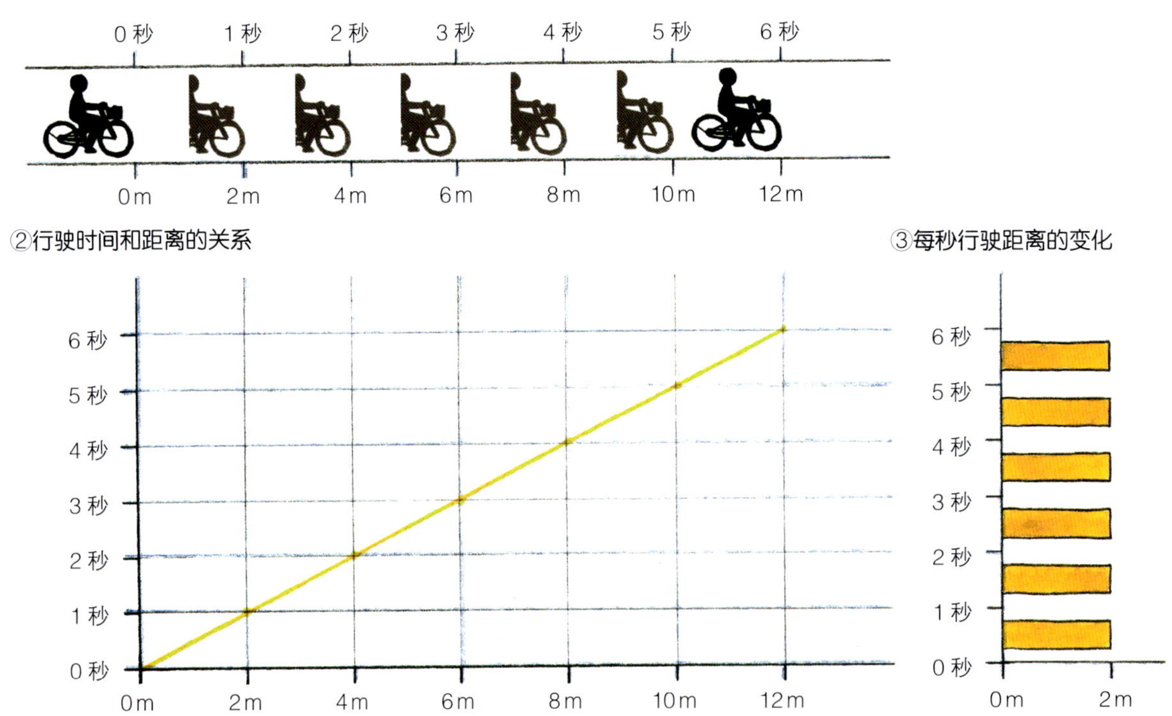

秒速・分速・时速

“秒速”是物体运动速度的一种表达形式，指物体在 1 秒内的运行距离。比如上文中的图表就表示了自行车以每秒 2 米的速度匀速行驶。其写作“2 米 / 秒”或“2m/s”，读作“每秒 2 米”或“2 米每秒”（s 是英语秒“second”的首字母），物体 1 分钟内的移动距离则用“分速”表达，而物体 1 小时内的移动距离则用“时速”表达。

2 小时内行驶 30 千米时，每小时行驶的距离就用下列公式计算。

30（千米）÷2（小时）结果表明，时速为 15 千米 / 小时（15 km/h※）。

※h 是英语“hour”（小时）的首字母

提升速度

正如第 2 章“牛顿运动定律”（▶ 第 33 页）介绍的那样，若想要静止的物体运动，那么必须要施加力。

人体坐在自行车的坐垫上，单脚置于脚踏板之上，另一只脚轻轻蹬地的话，原本静止的自行车会开始运动。然后再蹬起脚踏板就可以继续行驶了。持续蹬脚踏板的话，自行车的速度会渐渐加快，说明力还有着提升速度的作用。

以同样大小的力持续蹬脚踏板

持续蹬车意味着人持续对自行车施力。下图是自行车开始运动之后一直以同样大小的力持续蹬车（以同样力道持续蹬脚踏板）时，自行车行驶的状态。1 秒后，2 秒后，3 秒后……随着时间的推移，每秒前行的距离也逐渐变长。

试着改变力的大小

对自行车施加的力减半时，加倍时，会对自行车前进的距离带来什么影响呢？试着将力与 1 秒间前进的距离关系做成图表吧。根据图表，施加的力的大小不同，1 秒间前进的距离也会变化。施加的力较小时，速度就不快，而施加的力较大时，速度就会加快。

时间	1 秒间的前进距离		
	力减半时	正常施力时（设为 1）	力加倍时
0～1 秒	0.125 米	0.25 米	0.5 米
1～2 秒	0.375 米	0.75 米	1.5 米
2～3 秒	0.625 米	1.25 米	2.5 米
3～4 秒	0.875 米	1.75 米	3.5 米

不论施加的力多大，1 秒间前进的距离按照 1:3:5:7 的比例增加。

牛顿对速度加快的思考

速度加快（提速）简称“加速”。“速度加快的方式”这一说法有些复杂，换个说法可以叫作“加速比率”，即“加速度”。

牛顿认为，既然物体下落时“万有引力定律”成立，地球持续对物体产生吸引作用，所以速度应该会渐渐加快。之后，牛顿十分关注速度加快的方式，并试图以公式表示出物体的重力、物体的质量与速度加快方式的关系。

万有引力定律如果适用于地球及地球上的物体之间关系的话，地球对重物（质量较大）的吸引力（重力）更大，离地球中心越远则越小。如果假设地球是一个完完全全的圆球，地球上所有物质与地球中心的距离相同，那么根据万有引力定律，地球上质量越大的物体所受重力也越大。

像第 85 页介绍的自行车那样，在水平方向持续施加相同大小的力，速度的提升方式（也就是加速度）也相同。以同样的力蹬车，较重的车难加速。这就表明其加速度较小。牛顿用“加速度 = 力 / 质量”的公式表示。如果是物体的下落运动的话，则为：重力加速度 = 重力 / 质量。因为重力与质量呈正比，所以物体下落时，较重的物体与较轻的物体都以同样的速度加快方式（加速）下落。

力的大小以“牛顿（N，简称牛）”作为单位。1 牛顿的定义是“使 1 千克质量的物体产生 1 米 / 秒^2（1 m/s^2）的加速度所需要的力的大小”。地球上的物体掉落时，每秒大约以 10 米 / 秒^2（准确地说是 9.8 米 / 秒^2）逐步提升速度，所以 1 千克的物体所受重力的计算公式如下：

1（千克）× 9.8（米 / 秒^2※）= 9.8（牛）≈ 10 牛

※计算公式中的“米 / 秒^2”（也可以写作 m/s^2）是表示加速度大小的单位，读作“米每二次方秒”。

站立蹬车与滑步上车

自行车的速度可以通过控制蹬脚踏板的力进行调整。大力蹬脚踏板的话，自行车的加速变大，如果力变小的话，则加速度减小。

想要猛地加速时，往往需要站立蹬车。从坐垫上直起身子，将体重压在位于上方的脚踏板上用力瞪踏。这就是利用了身体重量（重力），以更强的力蹬脚踏板而实现。

“滑步上车”这种骑上车的方式就是以单脚置于脚踏板之上，另一只脚用力蹬地加速后跨坐上自行车的方式。这不仅利用到身体重力用力蹬脚踏板，而且还通过强力蹬地，对自行车施加了更大的力。

※采用“滑步上车”方式时，在蹬脚踏板之前自行车容易产生摇晃，十分危险，请勿在马路上练习。

功与动能

"功"的科学解释是，物体向着持续被施力的方向运动。"动能"则是运动着的物体所具有的能量。

做功与成为动能

下图中，健太的弟弟在练习骑自行车。他父亲扶着他的背，自行车正平稳行驶。

科学家将"用力持续推着物体，物体会朝着推的方向运动"定义为"做功"。父亲就是施加着力推着自行车向前行驶，成为了做功。然后，自行车开始行驶就意味着父亲做的功转化为了动能。

运动的物体越重，或者运动速度越快的物体所具有的动能就越大。比如，行驶速度很快的汽车撞到墙上，比自行车撞到墙上严重许多，会酿成重大事故。这就是因为汽车比自行车重得多，而且速度也快很多。而且，只有运动着的物体才具有动能，即便是启动后具有很大动能的汽车，它静止时动能仍为 0。

功与动能的单位

如左边这一页框格中所介绍的那样，力的单位是牛顿（N），相当于重约 0.1 千克（100 克）的物体对地面施压。

功的量（动能）的计算方式为施加的力乘以运动的距离，以"焦耳（J）"为单位表示。1 焦耳的定义是"以 1 牛顿的力将物体向着力的方向推动 1 米所做的功"。

比如以 10 牛顿的力将某物体推出 2 米远，产生的动能按照下列算式计算即可得出。

10（牛顿）×2（米）=20（焦耳）

以 500 牛顿的力将汽车推出 5 米远的话，汽车的速度会逐渐加快。这时做功的量就是：
500（牛顿）×5（米）=2500（焦耳）

运动的物体具有的动能

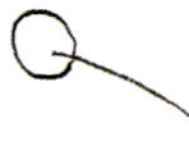

投出的球飞出的时候，球具有动能。

随着跳水选手接近水面，其具有的动能逐渐增大。

河中的流水也具有动能。

转动的物体所具有的动能

提起自行车后，用手大力转动前轮，车轮竟可以持续转动将近 5 分钟。这时车轮具有的就是“转动能”，其属于动能的一种。

车轮转得越快，车轮所具有的动能就越大。重量更大、转动更费力的车轮，在相同的速度下会具有更大的动能。

自行车具有前进的动能和车轮转动的转动能这两种动能。

但是自行车的车轮较轻，转动能与前进的动能相比非常小。

能量产生力做功

能量其实就是“做功的能力”。电车靠电能产生的力驱动，汽车和飞机则利用汽油产生的力行驶、飞行。汽油和电力都属于能源，它们可以持续产生力，实现“行驶”、“飞行”。

自行车靠人力驱动。而人的力量来源于食物。人体把食用掉的各种食物分解吸收，随后转化为能量。

试着了解动能的大小

让我们试着了解一下各种交通工具所具有的动能吧。经过调查后，行驶的高速列车与空中飞翔的飞机的确比自行车具有的动能要大很多。

家用轿车的平均重量为1.5吨（1500千克）左右。休息日爸爸开车在高速公路上行驶时，速度可达90千米/小时。经过计算，家用轿车此时具有的动能约为47万焦耳。

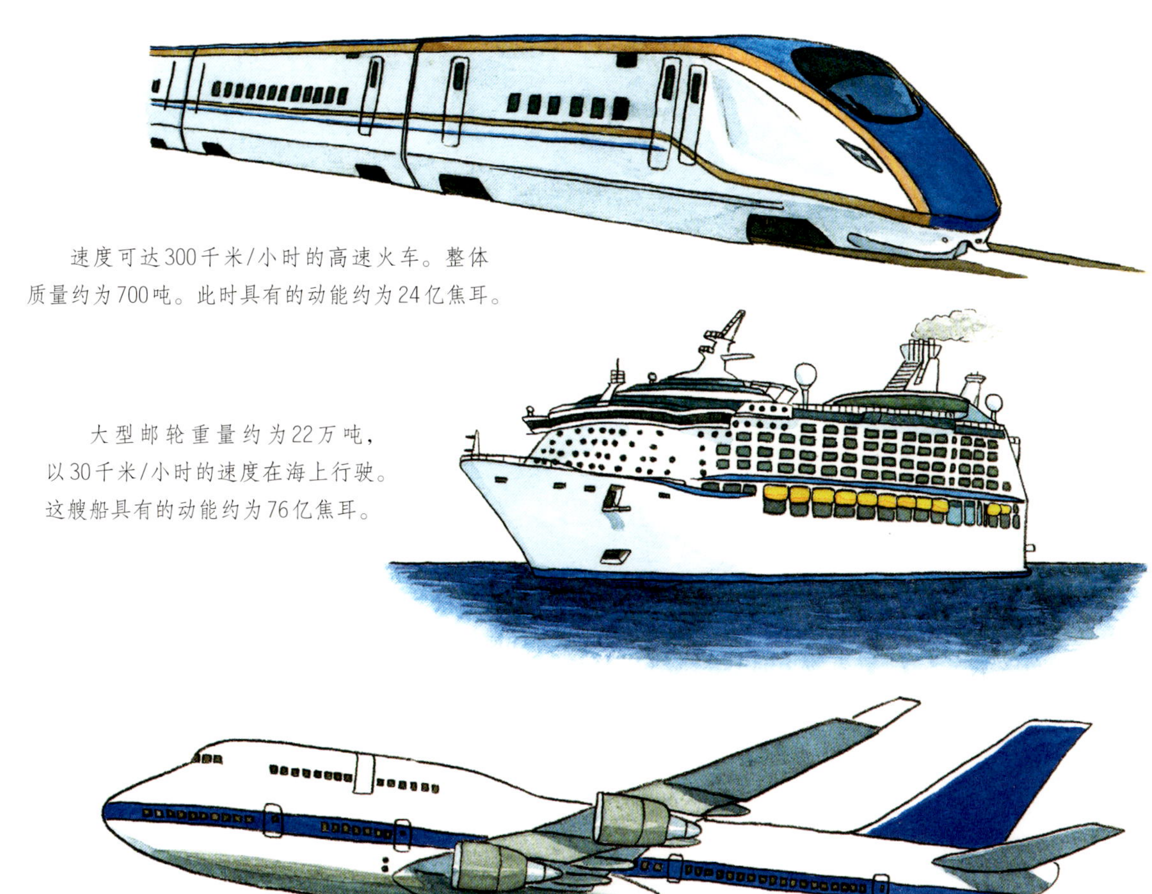

速度可达300千米/小时的高速火车。整体质量约为700吨。此时具有的动能约为24亿焦耳。

大型邮轮重量约为22万吨，以30千米/小时的速度在海上行驶。这艘船具有的动能约为76亿焦耳。

大型喷气机重量约为280吨，在1万米的高空中以约1000千米/小时的速度飞行。其具有的动能约为110亿焦耳。

顺便说说孩子们骑着自行车时具有的动能吧。假设重量为50千克（自行车与孩子体重的合计），速度为15千米/小时，那么具有的动能就为430焦耳。

刹车与摩擦、热能

想让行驶的自行车停下来就需要按刹车。自行车停下来是就利用到了摩擦力。此时，自行车具有的动能，“变身”为了别的能量。

利用摩擦力

摩擦作用于与前进方向相反的方向，是阻止前进的力。骑自行车时，车胎和地面之间不断地起着摩擦。蹬脚踏板后，车胎与地面间产生的摩擦使得车轮向后推着地面。此时又有从地面传递来的向前推动轮胎的力起作用。正是这个推动力使得自行车前行。

按下刹车手柄后，置于前轮钢圈两侧的闸皮与安装于后轮车毂周围的刹车碟都可以起到阻止车轮转动的作用。所以可以实现减慢自行车的前进速度。此时，车胎向前推地面，地面则被向后反推，自行车随即停止前进。

奔跑中的人如果在短时间内停下来，需要用力踩着地面，利用脚底和地面间产生的摩擦力减速。

刹车后的速度变化

下图表示的是每秒行驶 2 米的自行车刹车时停止的情况。此处，按下刹车到自行车停止前进耗费了 2 秒。根据计算，1 秒间，速度下降了 1 米 / 秒。而且如果按下刹车的力并不大，则减慢速度所需的时间更长，停止前行驶的距离也更长。相反，如果猛地用力按下刹车，车轮会急刹车，停止前行驶的距离较短。

急刹车要当心！

急刹车不当导致事故的案例时有发生：刹车虽然可以阻止车轮的转动，但是车轮本身具有惯性会继续向前运动，所以容易引起打滑，酿成事故。

此时，打滑的汽车会因为摩擦生热导致冰层表面融化，在地上留下车轮滑过的痕迹。自行车在拥有一定速度时，用力按下后轮刹车后，也会发生同样的打滑现象。

地面结冰十分光滑时，或者是车轮的凹槽变浅时，轮胎所受的摩擦力变弱，车辆也就容易打滑。

刹车后刹车闸皮和钢圈变得温热。自行车的动能经过摩擦过程变为热能。

以摩擦的热能取火

很久很久以前，人们生火时就是利用摩擦生热原理。削尖的木棒紧紧压住板的凹槽点，摩擦、搓动，就像锥子一样转动起来，随后其前端会变热，最后生烟，点火成功。人做的功转化为了热能。

热也是能量

装有水的水壶置于火上，水会沸腾并变为水蒸气。水蒸气的力会将水壶的盖子顶起，发出咔嗒咔嗒的声音。

水（水蒸气）将水壶的盖子顶起的现象就是“做功”。使水做功的热就是能量的一种。

水蒸气的力可以按下蒸汽机车活塞，这样的力也被应用于使火力发电厂的蒸汽涡轮转动。

锥形生火器
上下移动手中握住的木棒，正中的木棒就会转动的装置。

从卡路里到焦耳——热能的单位

热能的单位以前使用的是“卡路里（cal）”。1 卡路里（1cal）等于“将 1 克（1g）的水的温度提升 1 摄氏度（1℃）所需的热能”。1 千卡路里（1 kcal）则等于将 1 千克（1kg）的水的温度提升 1 摄氏度所需的热能。将 1 千克冰

焦耳的实验

物体摩擦也会做功，会使得物体温度提升。英国人詹姆斯·普雷斯科特·焦耳以实验的方式对做功产生的热进行了调查。

焦耳于 1818 年生于英格兰北部工业城市曼彻斯特附近的小镇。这一时期的英国在全世界拥有许多先进的工厂，曼彻斯特作为利用蒸汽动力纺织机织布的产业中心城市，充满着活力。

焦耳并没有就读于正规的学校，而是一边自学一边师从著名的化学家道尔顿，另外还与镇上的科学家斯特金相识，学习到了科学的前沿知识。

他的爷爷经营的啤酒制造生意十分成功，是一位有钱人。焦耳也因此得以在家里建起了实验室，开始了研究。

27 岁时，焦耳制造出了下图所示的实验装置。

詹姆斯·普雷斯科特·焦耳（1818-1889）

●焦耳制造的实验装置

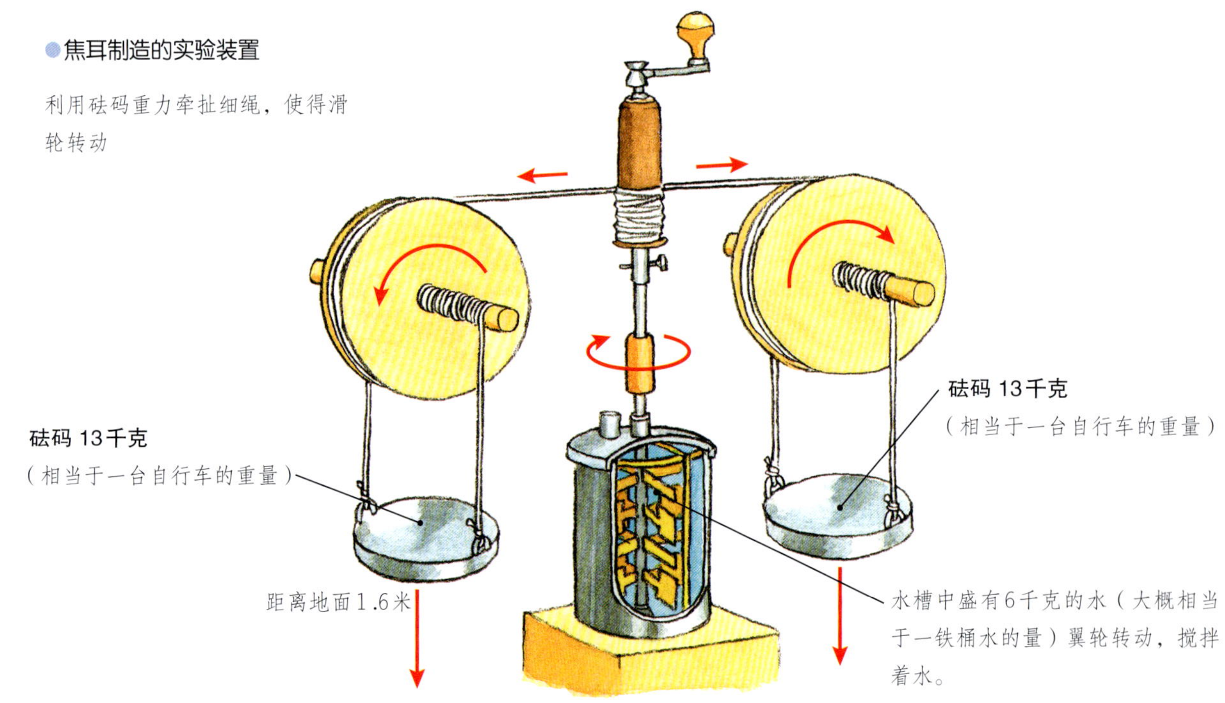

刚刚融化而成的水（0℃）放入水壶中加热至沸腾（100℃），就大致需要 100 卡路里的热能。

“卡路里”现在也被当作是表示食物带有的能量的单位。科学领域表示热能时则使用“焦耳（J）”这一单位。如下框中所介绍的那样，将 1 克的水的温度提升 1 度所需的热能，大约是 4.2 焦耳。

在正中的位置放置一个装有水的水槽，其中的翼轮转动后，搅拌着水槽中的水。而两侧悬挂的砝码使得滑轮转动，测量水槽中的水的温度上升了多少。

水槽中的水重 6 千克，大约相当于一铁桶水的量。将容器和滑轮弄温也在当然考虑范围之内。又为了避免实验室内的温度传递到水槽，还需将室温和水槽的温度设为相同水准，并且经过特殊处理，避免水槽向外部传递热量。两侧悬挂的砝码均为 13 千克，大致相当于一台较轻的自行车的重量。而砝码的高度距离地板 1.6 米。

松开连接滑轮与线卷的螺丝后，卷起线卷，抬起砝码。然后再次将线卷和滑轮相连，砝码下落滑轮转动。砝码接触到地板时，测量水的温度。

以下内容是对实验结果的简单汇总。

“将合计重 26 千克的砝码从 1.6 米的高度缓慢放下，重复 20 次，合计下落 32 米，持续搅拌着水。结果表明，水之间也在摩擦，6 升的水的温度上升了 0.3 摄氏度。”

在此进行一个计算，1 克的水提升 1 度所需约 4.2 焦耳（准确地说是 4.184 焦耳）的功。做了如此大的功，仅仅产生了这点热量着实让人意外。焦耳在 1850 年（32 岁时）将实验结果扩展为了一篇研究论文，发表在了英国的杂志上。

已知约 4.2 焦耳等于 1 卡路里的话，我们就可以轻松地在卡路里和焦耳之间进行换算了。吃下的食物在人体内被分解为许多种营养素，被吸收后成为了力量的来源。也有人调查过营养素带有的能量的数值，并将热量用卡路里表示。当然也有用焦耳进行表示的情况。

小块蛋糕虽然小，但是却含有较大的热能。

比如一小块蛋糕大约含有 320 大卡（或千卡）。换算成焦耳的话即为 1344 千焦（1344kJ）。再进一步推断的话，一块蛋糕含有的热能能使得 4 千克水从 20 摄氏度提升至 100 摄氏度。

骑自行车下坡

骑自行车时，只要一驶入下坡，就会顿感轻松。这就是作用于自行车（包括骑乘者）的向下的力，在帮助下坡。

重力和反作用力

自行车的重力

如第 1 章（▶第 24 页）所述，地球上的人也好，自行车也好，都因为重力而被向着地球中心吸引。这个被地球吸引的力就是“重力”，地球上 1 千克的物体的重力大约是 10 牛顿，重力的方向总是竖直朝下的。

那么骑自行车时，重力是如何起作用的呢？

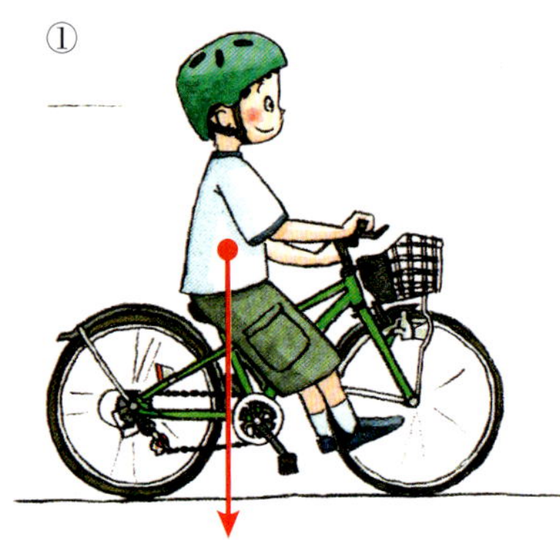

① 在水平的地面上骑自行车时，重力（红色箭头）竖直朝下。坚硬的地面承受着这个重力。

② 位于下坡的自行车，重力分成向前的力（深蓝色箭头）和与地面垂直的压力这两种力。向前的力成为了自行车的前进力，甚至不用蹬车速度也能加快。两方的力合计（红色箭头）与平地时相同。

③ 陡坡时向前的力（深蓝色箭头）变大，自行车速度明显加快。

支撑着物体的力——反作用力

平坦的地方，可以用脚撑等停自行车。受着地球吸引的自行车对地面施压，地面也会从相反方向以同样大小的力反压，从而支撑着自行车。这个“地面对物体的支撑力”就是“反作用力”。我们不妨环视自己的房间，桌子、椅子和桌上的铅笔只要不受外力影响就一直保持在同一位置。其实此时它们都受到大小相等而方向相反的“重力”和“反作用力”，这两个力相互抵消了。

骑自行车时，自行车受到地面的力也是反作用力。如上图中①的情况，反作用力与竖直朝下（向着地球中心）的重力（红色箭头）方向相反，大小相同。而在下坡时，重力分为了向前的力和与地面垂直的压力（②）。这时候反作用力与上文所说的与地面垂直的压力呈相反方向，大小相同。处于陡坡时向前的力变大，自行车与地面垂直的压力，以及所受的反作用力也相对减小了（③）。

高度与势能

从较低的位置开始爬坡的自行车，必须要施加一定的力。而且，将自行车从下搬到坡上所做的“功”就成为了能量的积累。这就是自行车拥有的“重力势能”。

势能根据物体的“重量”和被放置的“高度”而改变。重量越重或高度越高，物体就能拥有更大的重力势能。

势能和动能

物体具有的势能与动能（▶第 87 页）有着很深的关系。无论在何处，两者的大小相加的值都几乎一样。

比如停于坡上的自行车只拥有重力势能。自行车开始从坡道滑下后，重力势能转化为动能，自行车速度逐渐加快。坡的中间位置上，重力势能和动能平分秋色，几乎相等。而在坡位置最低时，重力势能全部变为动能，自行车速度达到这一情况下的最大值。

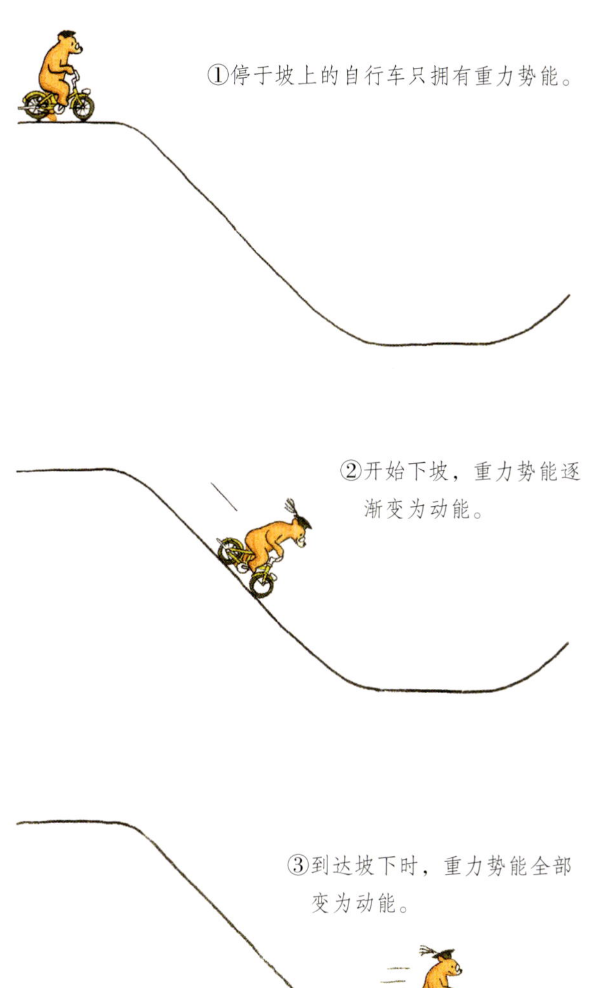

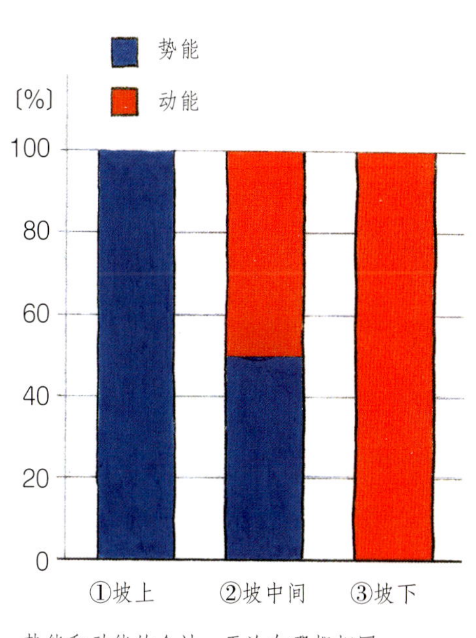

势能和动能的合计，无论在哪都相同。

自行车到达坡最下方时，自行车拥有的动能变得最大。如果没有摩擦和空气阻力影响，不蹬自行车脚踏板也能回到开始下坡的坡上（同样高的位置），此时动能全部转化为重力势能。

试着在玩乐中感受势能

让我们坐在秋千上，在玩乐中感受重力势能吧。

最开始先让同伴在身后拉着秋千绳，再松手。即便不再摇秋千，秋千还是会继续运动一阵。那么，重力势能最大的位置和势能最小的位置分别是哪呢？

这种情况下，最开始牵拉的高点（起点）和摆动至同样高度位置时的势能最大※。牵拉秋千之前，其处于最低（正下方）位置停止时则是其势能最小的情形。

●秋千的能量变化

右图上方的图表（①），将势能（深蓝色）和动能（红色）重叠表示。

起点处的重力势能最大，动能为0。正下方的势能为0，动能最大。摆动处与起点处高度一样时，重力势能最大，动能为0。重力势能的大小与秋千的位置变化走势相同。下方的图表（②）表示的是上图的动能加上重力势能的总和。与上图的红色图形相反，但恰好与深蓝色部分契合，这表明重力势能与动能这两种能量的总和无论在哪个位置都不会改变。

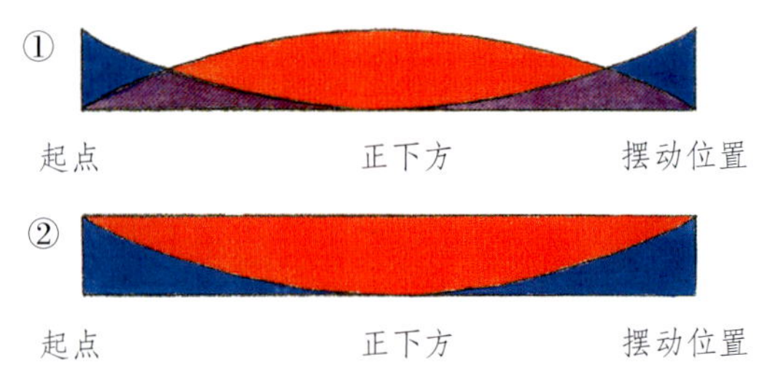

势能和动能的相加之和，无论在哪个地方、哪个位置也不会改变。

※此处将秋千位于最下方的高度作为测量重力势能大小的基准。

向热能的转化

实际上，下坡时的自行车或者是秋千摆动时的重力势能并非完全转化为了动能。

比如骑着自行车边按着刹车边缓缓下坡时，因为受刹车产生的摩擦影响，重力势能的大部分都转化为了热能。不按着刹车下坡时，以及坐在秋千上摆动时，都会受到风的阻力和摩擦力影响，动能会一点点地转化为热能。

能量守恒定律

荡秋千时，需要持续施力使乘坐人的重心上下变动。如果停止施力，因为风的阻力和绳索连接部分产生的摩擦影响，动能逐渐减小。从而转变为热能，散发到空气中。最终，动能成为 0，秋千停止于重力势能最小的位置（秋千的正下方）。

但是，物体的动能和重力势能，以及转化成的热能散发到空中的能量的总和不变。这就是“能量守恒定律”。

灵活运用重力势能

将重物提起至高处，必须要耗费很大的力。但是只要灵活运用重力势能，提起重物时就可以不用耗费那么大的力。本页在此将结合实际案例，介绍这一装置。

如右图所示，有一架坐有 8 个人的缆车。车体的重量大约为 2 吨（约 2000 千克），再加上内部乘客 8 人的体重（约 500 千克），一共约 2500 千克。想要拉至山上可谓是困难重重。

解决这一难题的方案就是在将两架车体连接在最顶部的装有发动机的滑轮的两端。两边都坐有 8 人的话，2 架缆车的重力相同，可以相互抵消。此时只要再使用发动机，对位于上方的缆车稍稍施加一个下落的力，位于上方的缆车就会利用势能和发动机的力，一边提起位于下方的缆车一边下落。

电梯也使用了这个方法。人乘坐于电梯之内，外侧则装有与其重量大致相同的砝码。砝码下落时，利用该势能提起另一侧的电梯。置于上方的发动机只要施加一个不大的力就足够了。

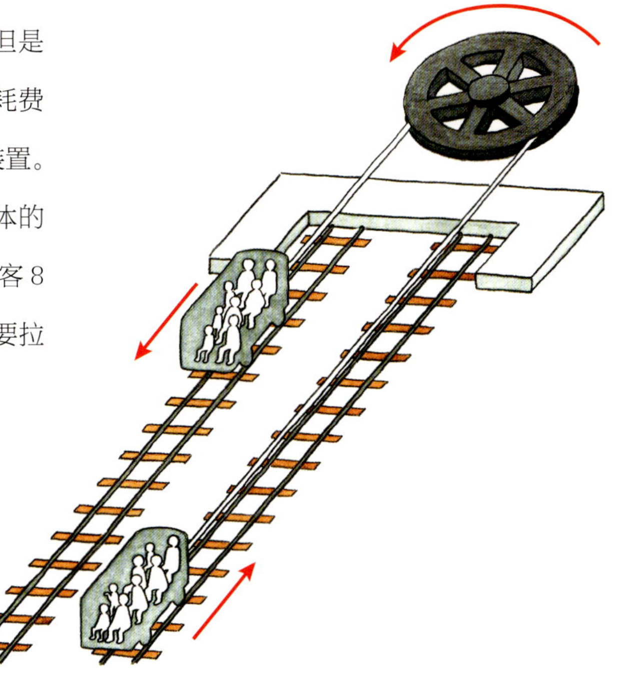

●缆车装置

装有发动机的滑轮的两端，各连着一辆缆车。

位于上方的缆车在下降的同时，也在将位于下方的缆车提起。此时，位于上方的缆车减少的势能，逐渐转化为被提起的缆车的重力势能。

使位于上方的缆车下降的力（势能）不足时，则由滑轮处装有的发动机弥补。

骑自行车爬坡

爬坡的确是一件挺累人的事情，如果想加快速度一口气爬上坡道，就需要付出相应的力。但是多花些时间缓缓爬坡的话，也可以用不大的力。

与下坡时相反，爬坡时需要耗费较大的力。人骑乘着的自行车的重力（红色箭头）仍然分为两个力，但是却是向着后方的力（绿色箭头）将自行车向后牵拉。

想要继续爬坡，就必须在蹬脚踏板时施加比向后牵拉自行车更大的力（深蓝色箭头）。

骑自行车攀登山坡

有 2 条攀登上山坡的道路。其中 1 条距离虽短但是坡度较大，另一条则较缓但距离长。骑自行车攀登上山顶的话，走哪条道路做的功更少呢？

答案是“走哪边都一样”。走陡坡需要耗费更大的力但是前进的距离短。走缓坡的话，耗费的力虽然较少，但是行驶距离更长。无论选择哪条道路前行，只要终点是山坡顶上的同一个高点，做功量就不会变化，最终具有的势能也相同。

▶ 第 60 页

快速爬坡？缓缓爬坡？

比如骑自行车爬上高 3 米的坡时，是加快速度爬坡还是缓缓爬坡做的功较少呢？

答案是“都一样”。如果爬坡时1秒间前进0.1米的话，爬上3米则需要花费30秒。如果1秒间前进0.5米的话，仅需6秒就能到达坡上，花费的时间仅为前者的5分之1。但是无论是缓缓爬坡还是快速爬坡，“爬上3米的坡”所需的做功量不变。

较重的自行车与较轻的自行车

健太和自行车加起来的重量（重力）约为 50 千克。载着妹妹还带着包的妈妈的自行车重量加起来约为 100 千克。重量几乎达到了前者的 2 倍。重量为 2 倍的情况下，爬坡时需要多做多少功呢？

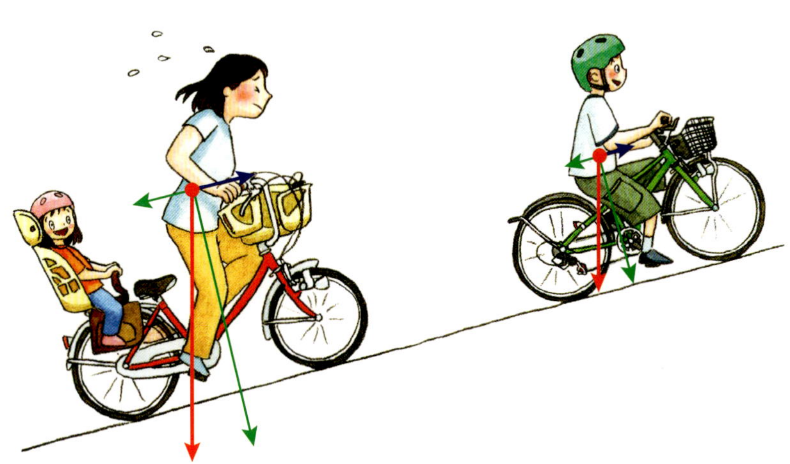

比较向上爬坡的两个力的话可以得知，与健太相比，妈妈需要耗费其2倍的力。换句话说，妈妈需要以2倍的力爬坡才能到达与健太的自行车相同的高度，妈妈做的功是健太的2倍。妈妈的自行车的重力势能也是健太的自行车的2倍。

功率

功率就是以数字的形式表示 1 秒间做功的多少。其计算公式为：

功率 = 功 ÷ 所花费时间

单位为“瓦特（W）”。1 瓦特等于每秒做 1 焦耳的功（使用 1 牛顿的力将某物体推动 1 米所做的功）。

将功率反映到实际的运动中试试吧。比如健太骑自行车爬上了高 3 米的坡道。自行车重量和健太体重之和为 46.4 千克。1 千克的物体所受到的重力约为 10 牛顿，所以自行车所受的重力约为 464 牛顿。爬上 3 米的坡上所要做的功为：464（牛顿）×3（米）≈ 1392（焦耳）。

如果爬上这个坡道需花费 30 秒，则功率为：1392（焦耳）÷30（秒）≈ 46.4（瓦特），而花大力气蹬脚踏板，以 6 秒的时间爬完坡道时的功率为：1392（焦耳）÷6（秒）≈ 232（瓦特）

但是从运动角度分析的“功”，并不等同于电脑所做的工作。※

※ 日语的“功”与“工作”同形同音。——译者注

自行车所受的阻力

自行车开始行驶之后，即便不蹬脚踏板也可以依靠惯性继续行驶，但是实际上自行车从周围受到了许许多多阻碍行驶的力（阻力）。

自行车的行驶逐渐变慢

在十分平坦的道路上行驶的自行车一旦拥有一定行驶速度后，即便不蹬脚踏板也能继续行驶一段距离。但是，不蹬脚踏板的结果是，行驶速度逐渐变慢，最终停止。

自行车行驶时，红色箭头表示的较小的力（阻力）一直与前进方向相反。只有通过蹬脚踏板，持续施加比这个较小的力（阻力）更大的前进力,自行车才能保持持续行驶。

持续行驶时的力

在第 2 章中介绍过的“牛顿运动定律”中阐明了使较重物体运动时必须要施加以更大的力。妈妈的自行车因为载着妹妹、带着包，重量大约是健太的自行车的 2 倍，所以与健太相比，妈妈骑自行车时需要付出约 2 倍的力。爬坡时也一样，自行车都会受到向后牵拉的力的作用，所以妈妈还是需要付出约 2 倍于健太的力。▶第 33 页

但是以相同的速度在平坦道路上行驶的时候，由于不存在爬坡时向后牵拉的力，所以妈妈骑自行车时可以以较小的力保持前进。

刚开始加速时需要较大的力，开始行驶后，施加的力稍小一些也没关系。

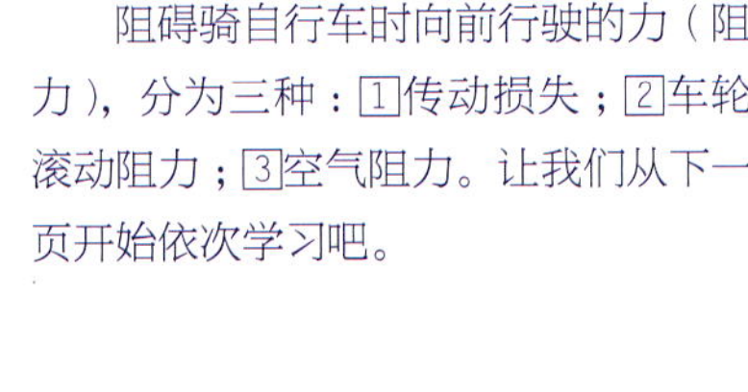

阻碍骑自行车时向前行驶的力（阻力），分为三种：1传动损失；2车轮滚动阻力；3空气阻力。让我们从下一页开始依次学习吧。

1 传动损失（摩擦阻力）

蹬自行车脚踏板的力，需经过脚踏板→齿轮轴→齿轮→链条→变速器→棘轮层层传递，方可使后轮转动（对脚踏板施加的力不会使前轮转动）。蹬脚踏板的力传递至后轮的过程中，各个零部件都会产生摩擦力，统称为“传动损失”。顾名思义，就是“传递力时力的损失”的意思。

为了减小摩擦

最容易受到传动损失影响的零部件是将施加于脚踏板的力传递至后轮的链条。如第57页介绍的那样，链条由装有滚圈的链销串联起两端的多个链板构成。链条滚动到齿轮的位置时，链板沿着齿轮转动，齿轮的齿啮合于滚圈的间隙中。这个过程其实非常复杂。而且由若干个小小的零部件组合而成，在各个位置都会产生摩擦。

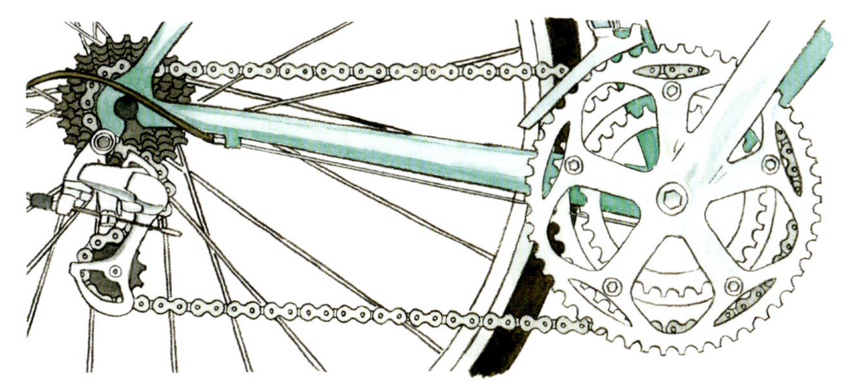

自行车的链条与其他零部件连接，通过啮合部位的移动实现自行车的顺畅运动，可谓非常复杂。在许多部位都会产生的摩擦会使得传动损失变大，所以需要经常维护保养，通过擦除污渍以及上油等措施来保证零部件运动顺畅。

摩擦变大意味着传动损失变大。此时蹬脚踏板就必须要施加额外的力。

为了尽量减小摩擦，降低阻力，日常的维护保养必不可少。比如用抹布擦去污渍，在内链板和外链板之间、啮合齿的滚圈之间上油，起到润滑作用。

齿轮暴露在外所以容易沾染污渍，为了转动顺畅而预先涂上的油也很容易挥发变干。如果不对链条加以维护保养，它就很容易生锈，摩擦也就随之变大。

2 车胎滚动阻力

如果车轮上没有安装上车胎，那么与地面的摩擦会变小，会导致以下几个结果：①蹬脚踏板时与车轮易空转；②按下刹车时即便想使车轮停止转动，但是车轮仍然容易打滑，不能立即停车；③前轮易发生侧滑，即便转动把手，也很难改变自行车的前进方向——当然还会导致其他情况发生。另外，如果没有轮胎的话，骑自行车时需要花费更大的力，骑乘舒适度也相应地变差了。

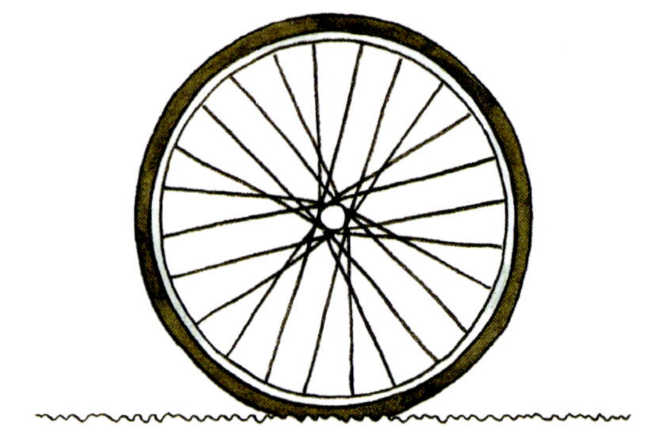

轮胎可以适应凹凸不平的地面

轮胎产生的阻力

正如第 1 章介绍的那样，自行车轮胎的内胎中压缩有 3 个大气压（约 300 千帕）的空气。装有空气的车胎即使用手按压也几乎不会变扁，而人骑上车后会稍作变形，与地面的接触面积变大。行驶时轮胎与地面接触的部分时而变扁时而回复原本状态时的阻力，就是滚动阻力。内胎漏气的话，车胎会干瘪，与地面接触面积进一步增大，车胎中时而变扁时而回复原本状态的部分变大（滚动阻力变大），蹬脚踏板时需要花费更大的力量。

弹力球与轮胎的共同点

将装有大量空气的皮球高高举起后放手，球体会在地板上弹起并在一段时间内重复这一过程（左）。原因是利用重力势能的掉落中的皮球受到重力和地面方向传来的反向力的双重作用，内部的空气稍稍受到挤压，反弹后回复原本状态的力便起着作用。但是球体带有的能量，会因为触碰到地板时的阻力，伴随着每次弹起而减少，最终停止运动。

自行车的轮胎也会发生类似的事情。轮胎与地面接触的部分与球体掉落至地面一样，因重量而变扁，一旦离开地面，又会呈现回复原本状态的趋势。此时，因为阻力会消耗掉一部分能量。

放掉空气的皮球回复原本状态的力很弱，最初掉落在地板时已经将重力势能转化为弹性势能，皮球不会弹起（右）。车胎内的空气不足时也是一样，回复原本状态的趋势会变弱。轮胎与地面接触的部分增加，而且接触的时间更长，产生的滚动阻力就变大了。

3 空气的阻力

即便没有刮风，骑车时无论是脸还是身体都会感到有风吹过。自行车冲开空气前进的同时制造出风，引发了空气阻力。空气阻力在缓速行驶时较小，急速行驶时又会变大。

骑着自行车提升速度时，空气实际上阻碍了人和自行车的前进。自行车与人身后流动的空气流乱窜，形成了漩涡。漩涡则进一步扰乱了周边空气，进一步阻碍了人和自行车的运动。速度提升得越快，空气的流动就越来越强，阻力也变大了。

骑自行车时遭遇空气阻力，与我们在台风天打着伞要被吹跑时的场景很相似。风很强的时候，为了不使空气流动变乱，只能收起伞以减小受风的面积。同样的道理，骑自行车时想提升速度的话，就需要尽可能减小受风面积。装有羊角把手的专业运动自行车和折叠式自行车为了提升速度，将把手设计于较低的位置，需要降低身姿握紧。这样一来，受风的部分就大幅度减小，空气阻力也随之减小。

比较三种阻力的大小

健太在风和日丽的日子里，在平坦的马路上骑着自行车，达到一定速度时会给空气阻力、车胎滚动阻力、传动损失的大小带来多大影响呢？在此我们制作了一个图标进行对比。

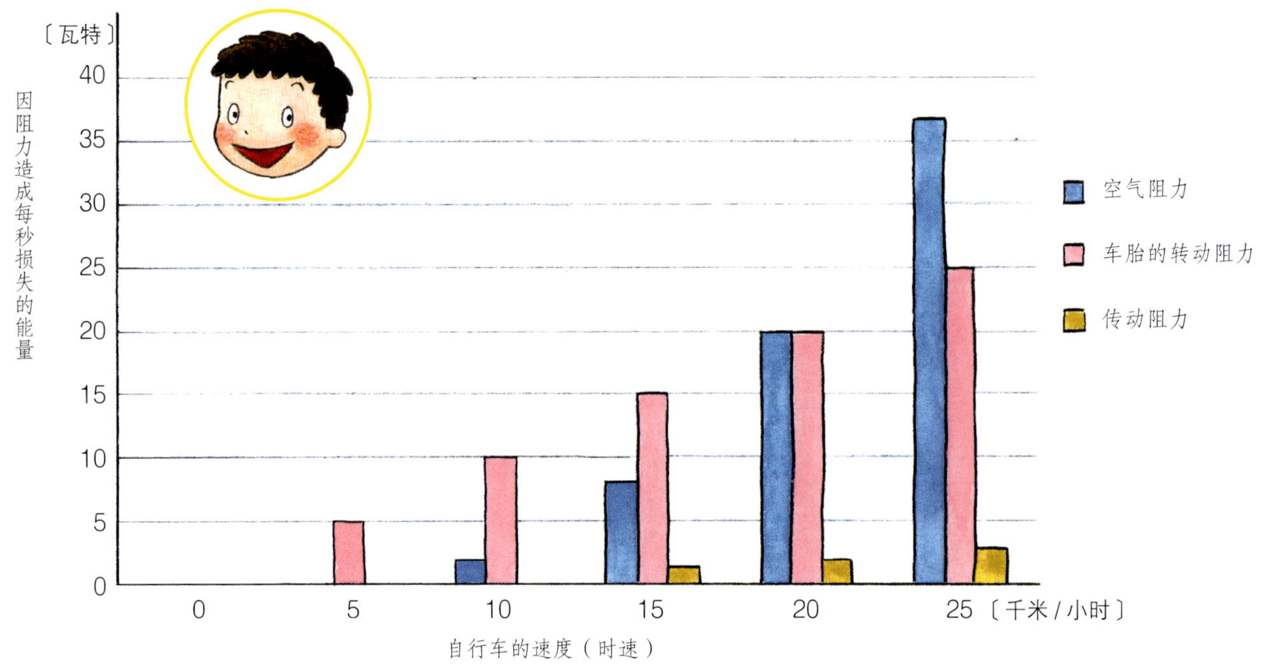

将每秒因阻力损失的能量用功率表示，单位为瓦特（W）。比如自行车以15千米/小时的速度行驶时，空气阻力为8瓦特，车胎的滚动损失为15瓦特，传动损失为1瓦特。

无论在哪种速度下行驶，传动损失都是三类中最小的。而且，缓慢行驶时（5千米/小时），车胎的滚动阻力为5瓦特，空气阻力几乎可以忽略不计。

速度提升至2倍时，轮胎的转动阻力也增至加速前的2倍。这是1秒钟的时间里骑行通过的距离变为此前2倍的缘故。

速度提升之后，空气阻力会急剧增长。如果是以25千米/小时的速度前进，“迎面袭来”的空气阻力就成了上述三种阻力中最大的一种。

大小、重量以及三种阻力

熊博士现在所骑着的是坚固的折叠自行车。体重很大的熊博士只要骑动自行车，就会引发三种阻力的作用。但总体上还是轻松舒适的。

那么，熊博士所受的3种阻力的大小到底有多大呢？

- **空气阻力** 熊博士的身体较大，所受的空气阻力大约是健太的3～4倍。
- **车轮的转动阻力** 熊博士的身体很重，车胎的变扁程度也远大于健太骑车时。车胎的滚动阻力也很大，大约是健太骑车时的6倍。
- **传动损失** 传动损失大约为健太的3倍左右，但是它本身的值并不大，所以并不构成大问题。

第6章

能量的神奇之处

依靠能量可以产生各种各样的力，而力又是为了运动而被利用。在此最后一章中，我们还将介绍此前未涉及的电能知识，让我们来一点点地揭开它的神秘面纱吧。这章针对时下颇具人气的电动自行车的精密构造也进行了阐述。

自行车是个小型发电站

装在自行车上的发电机（英文名称为 dynamo）可以发电，可以在昏暗的环境下点亮小型照明灯。发电机一般包括电滚子和发电鼓等种类。

电滚子发电机

前轮侧边装有的一个被俗称为“电滚子”的零件，其过去常常被当作自行车的发电机使用。较粗的圆柱体上延伸出一段较细的圆柱体，其前端部分呈锯齿状，并不光滑。这部分就是电滚子，其与自行车车胎接触并转动。从另一侧引出电流的导线，与照明灯连接。

使用时，发电机朝向车胎，电滚子则紧压车胎。车胎转动产生的“动能”传递至电滚子，再到达较粗的圆柱体内部，在那里转化为了“电能”与“光能”等。

电滚子发电机

电滚子
此处紧压自行车车胎，随之转动

导线
向照明灯输送电力

剖析发电机的内部构造

正中间转动着的是磁铁（永久磁铁）。磁铁的N极与S极以相间的形式沿着外侧圆周排列，其中N极与S级各有4个。其周围也各有4枚铁芯（放入线圈中的小铁板）在内侧与外侧，从下交替排列，共计8枚。下部与导线的同样方向上有缠绕有数圈的线圈，铁芯则位于内侧和外侧之上。内侧与外侧的铁芯在下方连接。8枚铁芯，分别对应着磁铁的4个S极与4个N极。

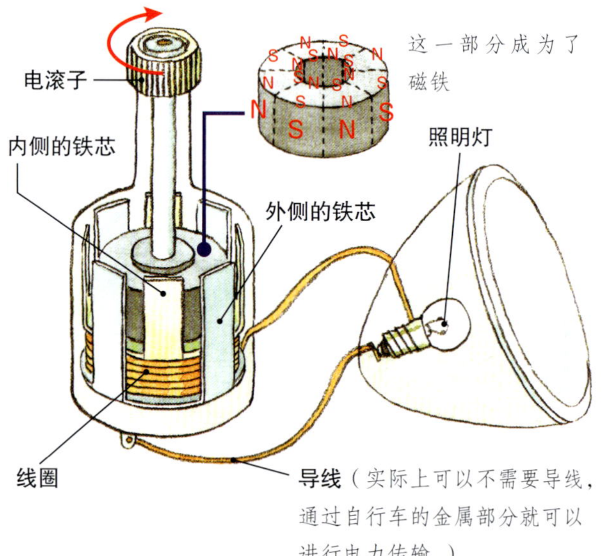

电滚子发电机的内部

磁铁转动的话……

1 磁铁的4个S极靠近内侧的铁芯，内侧的4个铁芯便成为了磁铁的N极。此时，外侧的4个铁芯位置靠近磁铁的N极，外侧的铁芯成为了磁铁的S极。与之相连的铁成为了内侧为N极，外侧为S极的磁铁。

2 然后磁铁开始转动，N极与S极也在置换。磁铁转动1圈，贯通在线圈中心的铁芯的N极与S极会置换4次。

3 磁铁运动会使得近距离内的线圈产生电流。产生的电流通过连接在线圈两端的导线，使得前方的照明灯被点亮。磁铁的转速越快，就产生越多的电流，照明灯也就越亮。

不仅是自行车在使用，向家庭和工厂输送电力的大型发电站的发电机也是利用了与此相同的原理进行发电。

发电鼓

比电滚子更具效率的小型发电机当属“发电鼓”。在与前轮车胎一同转动的车毂上装上磁铁（永久磁铁），在内侧的非转动车轴上装上线圈。前轮一旦转动，磁铁也会随着车毂一同转动，装于车轴的线圈就会产生电流。发电鼓上的磁铁的许多 N 极和 S 极交错配列，前轮慢慢转动时的发电效率较为可观。

●发电鼓的构造

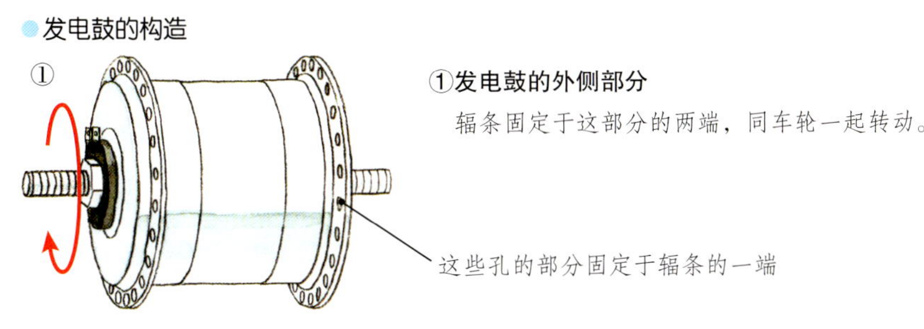

①发电鼓的外侧部分

辐条固定于这部分的两端，同车轮一起转动。

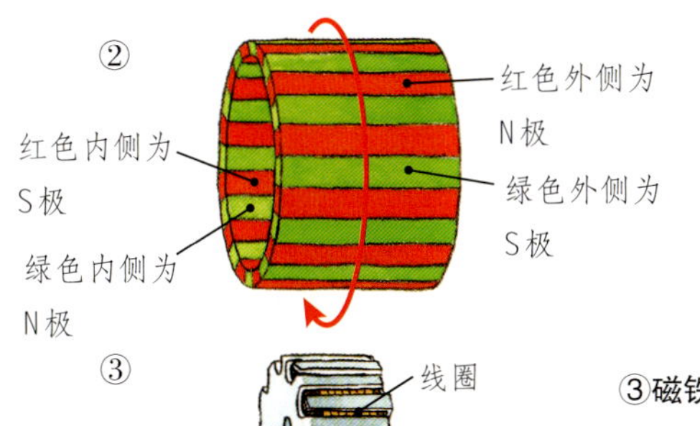

②磁铁（永久磁铁）

揭开发电鼓的外侧部分，可见圆筒形的磁铁（永久磁铁）。磁铁外侧有大量指向N极的部分（红）与指向S极的部分（绿）交错排列。其对应的内侧部分都与外侧相反，变为了S极与N极（实际上的情况比图中区分更加细化，有许多N极和S极交错排列）。磁铁的装载于外皮之内，与车毂一同转动。

③ 线圈 车轴 铁芯

③磁铁的内侧

可见左右交替延伸的细长铁芯。进一步观察其间隙可知内侧装有线圈（土黄色的部分）。线圈和铁芯固定于车轴，并不转动。

详细观察发电机的内部

为了更好地看清内部的线圈，右下图中省略了一部分铁芯。铁芯穿过线圈，位于外侧的圆筒形磁铁（上图②）一旦转动，上图③中例举出的左右交替延伸的铁芯，从右侧延伸出的部分为 N 极，从左侧延伸出的为 S 极，而且转动后，N 极和 S 极会转换。重复这样的过程之后，导线周边的磁场改变，依靠下一页中介绍的“电磁感应”，线圈中有电流通过。

●发电鼓的内部

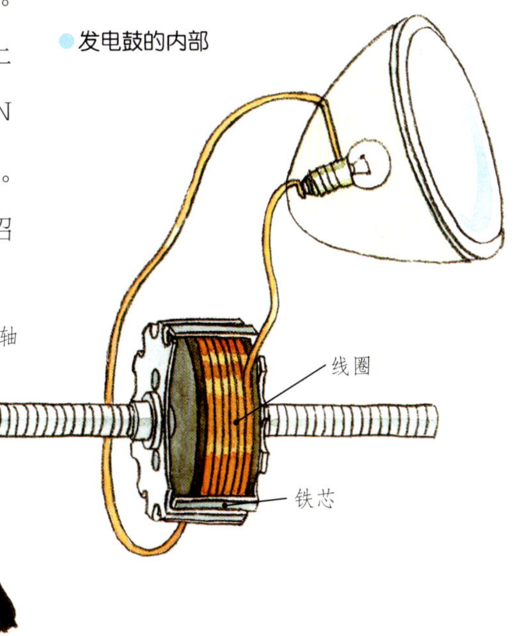

磁铁分为电磁铁外缠绕线圈，有电流通过时具有磁力的，以及一开始就是具有磁力的2种。没有外部磁场也可以具有磁性的物体就是“永久磁铁”。

发电的原理：利用“电磁感应”发电

自行车采用的电滚子与发电鼓都是利用磁石转动后线圈中有电流通过的“电磁感应”现象实现发电。那么，电磁感应到底是一种怎样的现象呢？

磁力作用的世界

首先让我们用一种可见的方式将永久磁铁和电磁铁转动产生的磁铁的力（磁力）所带来的影响表示出来（如下图中深紫色的箭头）。传递磁力作用的空间就是“磁场”，其也被称作“磁界”。

左图表示的是永久磁铁的N极和S极转动产生的力的方向。线（磁场）从N极指向S极。该线被称为“磁力线”。线越密集表示磁力越强。

右图则表示的是装有铁芯的电磁铁情况。如图所示，铁芯周围缠绕的线圈上如果有朝着红色箭头方向的电流通过，便形成了左侧为N极，右侧为S极的磁铁。

●永久磁铁的磁场和磁感线

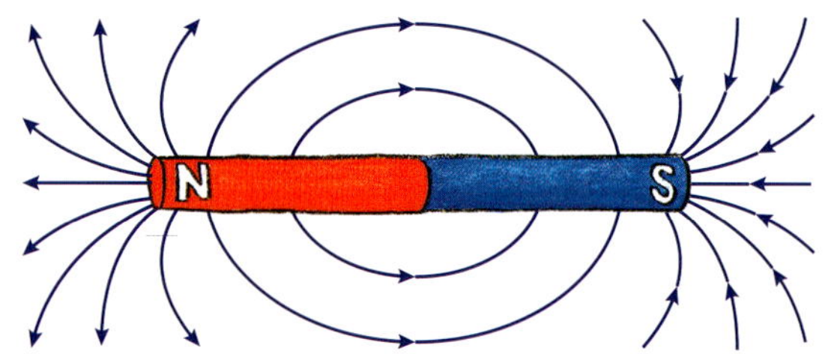

N极产生的磁力线就像在绘制椭圆形一样指向S极。

●电磁铁的磁场和磁感线

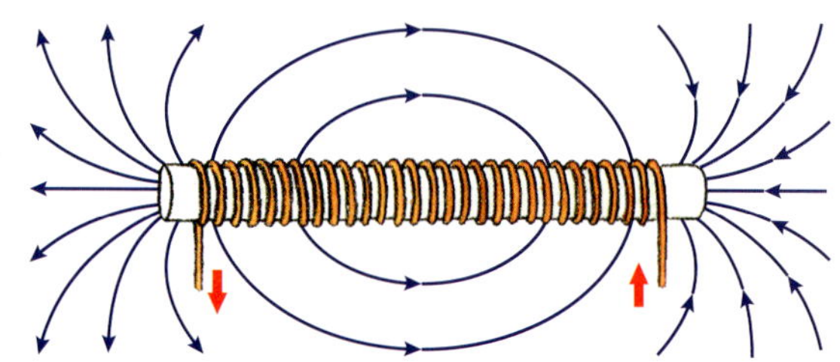

红色箭头表示电流的方向，深紫色箭头的指向表明了磁力线的情况与永久磁铁一样。即使没有铁芯，也能够成为电流较弱的磁铁。

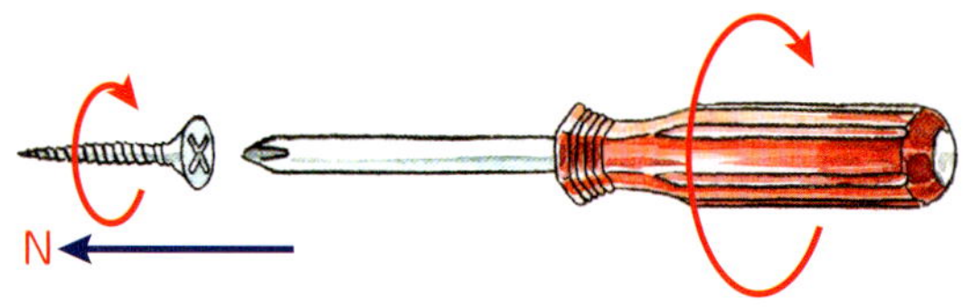

螺丝刀向右转动的话，螺丝就向前深入（左方向）。拿出电磁铁类比的话，螺丝刀转动的方向就是电流的方向，螺丝向前深入的方向（左图）就是N极。

流过线圈的电流方向与N极产生于电磁铁的哪个位置之间的关系，只要记住“拧紧螺丝和螺丝深入的方向就是N极”就能够轻而易举地掌握。

观察方位磁针的磁场

方位磁针不论置于何处，指针都指向北边。但是，在水平台的正中央上竖一条垂直于平面的导线，然后在台上放好磁针并通电，磁针就会指向别的方向。针的指向会因为所在场所而有所不同，如果多放几根磁针就会发现它们以导线与平面的交点为圆心形成圆形排列。这是因为导线周围具有磁场。

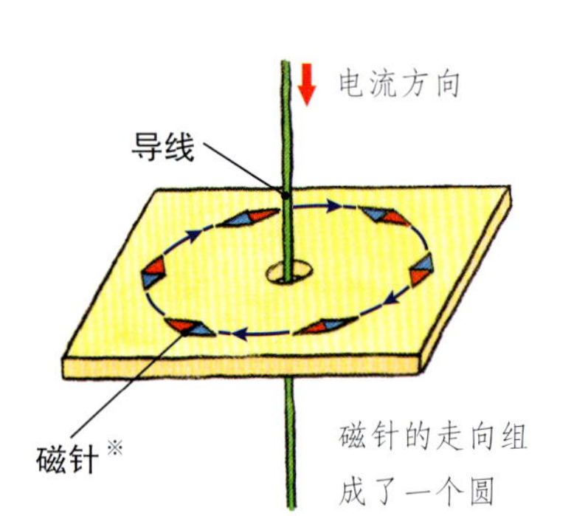

※磁针　登山或者远足时，指南针（表明方位方向的磁铁装置）的指向部分。

电磁感应

将检流计（检测电流强度和方向的装置）与线圈接续，并试着将磁铁放在边上运动。

磁铁的 N 极接近线圈后检流计的针晃动，证明线圈有电流通过。此时，线圈产生了磁铁方向相反的逆时针电流，于是线圈成为了右侧为 N 极的电磁铁。如果停止磁石运动，电流将消失，针回到正中央位置。

将磁石远离线圈后，检流计的针向另一侧晃动，线圈右侧成为 S 极。而且远离到一定距离后，检流计的针又回到中央。

像这样磁场变化时有电流产生的现象，就被称为“电磁感应”。

发电机就是利用持续变换磁铁（电磁铁）和线圈的位置关系引发连续的电磁感应，从而产生较大的电流。

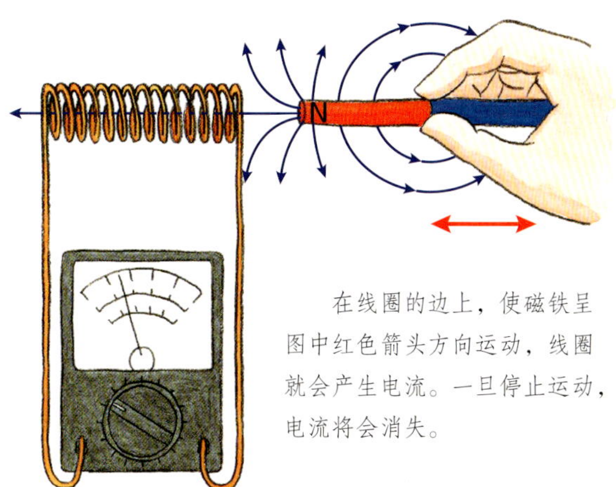

在线圈的边上，使磁铁呈图中红色箭头方向运动，线圈就会产生电流。一旦停止运动，电流将会消失。

电磁感应是英国的科学家迈克尔·法拉第（1791－1867）于1831年发现的。

大型发电机的构造

右图是水力发电厂所用发电机的简略模拟图。外侧固定有 16 个装有护罩的线圈。内侧则是较大的铁芯，与外侧的水车和轴相连（图中省略了水车）。铁芯的边缘为 16 个电磁铁，N 极与 S 极交错排列。

水车转动后铁芯也会朝着图中红色箭头方向转动，引发固定于外侧的线圈一个个交错式地接近后又远离电磁铁的 N 级、S 极。被固定的线圈会因为磁场的变化而引发电磁感应，电力随之产生。

通过铁芯转动，N 极与 S 极的 1 组通过 1 个固定的线圈就是 1 个交流电周期。如果每秒有 50 组通过，就会产生 50 赫兹※（50Hz）的交流电。

※赫兹就是1秒间振动次数的频率单位。在日本，以静冈县富士川和新泻县的系鱼川为两端画线，其东侧使用50Hz的交流电，西侧使用60赫兹的交流电。

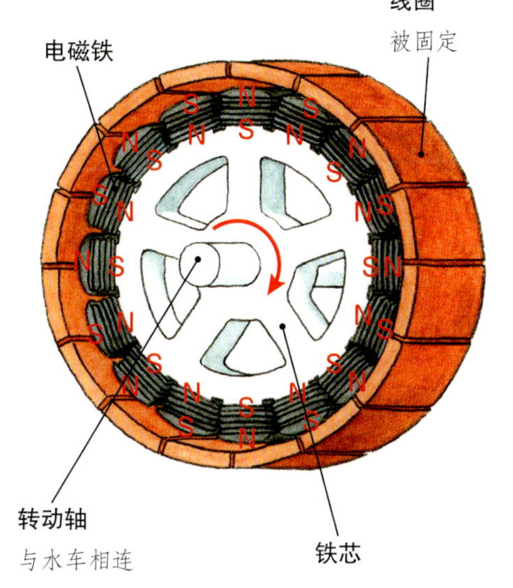

这种情况下的电磁铁的N极与S极被视为1组。为产生50赫兹的交流电所必需的1秒间铁芯转动数可通过下列算式得出：

50（赫兹）÷8（组）=6.25（转）

电动助力车

装配有发动机，从而能够让人们骑行更加轻松的自行车被称作电动助力车。它可以让腿部力量衰退的老年人以及带孩子的母亲也能够轻松地骑车上坡。

以发动机辅助人力

腿部力量衰退的老年人和带小孩的母亲骑自行车上坡很不容易，而电动助力车就可以帮助解决这一问题。电动助力车上装有检测骑乘人的骑车力量和速度等的装置以及帮助骑乘人蹬车提供力量（辅助）的发动机。发动机可以根据实际情况来提供动力帮助骑乘者，所以即使是腿部力量较弱的人也能很轻松地骑行。

发动机转动的奥秘

发动机的结构

发动机的结构如图所示。将电磁铁置于 N 极和 S 极中心为轴，并使其可以转动，然后在其外侧装配磁铁（永久磁铁）。在电磁铁的转动轴旁边，有 2 个半圆形的金属（整流子）存在并保持有一定间隙。整流子与被称作电刷的金属片接触，使得电流能够通过电刷，通过整流子流向电磁铁的线圈。

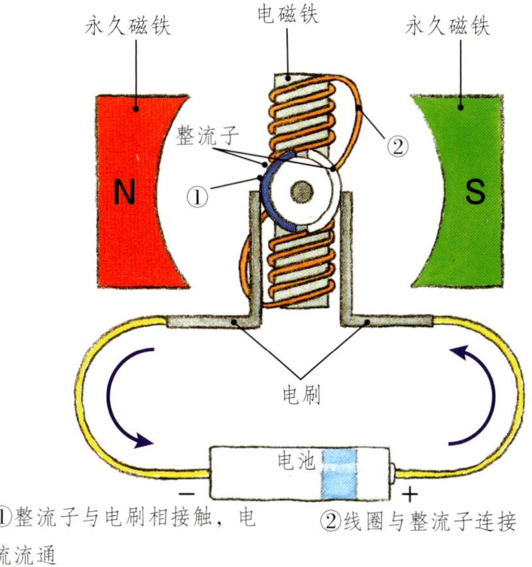

①整流子与电刷相接触，电流流通

②线圈与整流子连接

利用磁铁的力

发动机是利用磁铁的吸力和斥力进行运转的装置。

首先，如1所示，通入电流使电磁铁的朝上部分成为 S 极的话，电磁铁的 S 极会被永久磁铁的 N 极吸引，开始进行逆时针转动。当电磁铁转动到2所示的水平位置时，因为整流子间留有空隙，所以它与电刷接触的会瞬间中断导致电流停止传输，但是由于此前步骤的势头（惯性）电磁铁仍然会继续转动。而继续转动的整流子接下来与另一侧的电刷相接触，电磁铁中的电流的方向会产生逆向变动（1中的 S 极和 N 极在3中会分别变为相反的 N 极和 S 极）。电磁铁的 N 极会因为斥力远离磁铁的 N 极，导致电磁铁继续向相同方向转动。如此一来，位于电磁铁中心的轴会一直以同一方向进行转动。

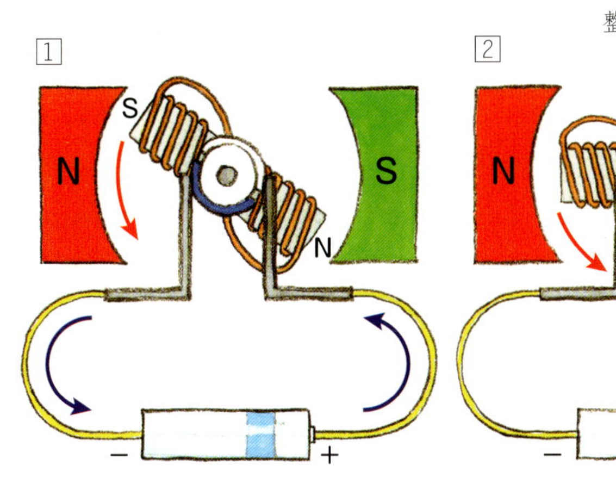

有电流流过时，电磁铁的S极被外侧的磁铁的N极吸引进行其逆时针转动。

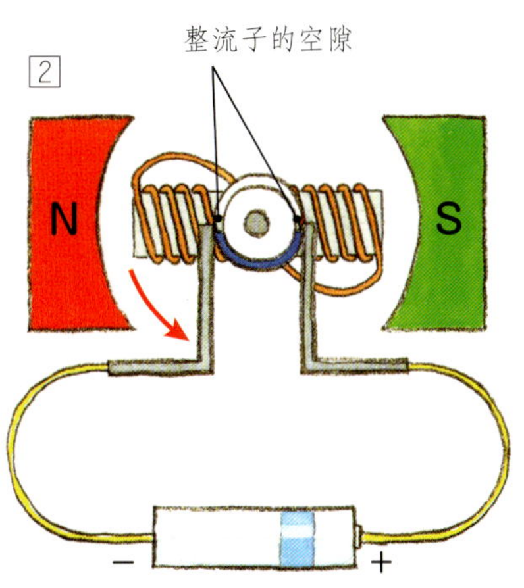

转动至水平位置时，整流子和电刷之间的接触被切断，输入电磁铁的电流中断，但是由于惯性的作用仍将继续转动。

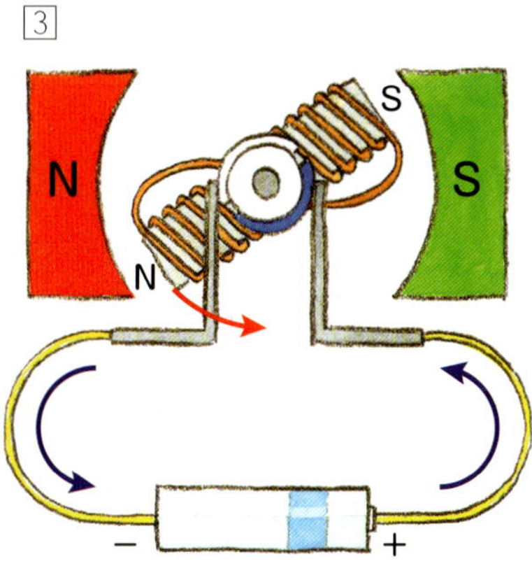

线圈内的电流方向产生逆向变动，电磁铁的S极与N极会实现变换。由于同极相斥，所以电磁铁仍会继续沿着相同方向转动。

用发电机刹车!

电动助力车的发动机也可以作为发电机使用。这时候利用的就是自行车前进的力（动能）。同理，发电机也可以起到刹车的作用。

再生制动

如第 2 章中介绍的那样，一般的自行车的刹车是利用摩擦力来阻止钢圈和车轮的转动。这时候，动能转换为热能，最终消散在空气中。▶第 44 页

电动助力车则有所不同，除了一般的刹车之外，还带有“再生制动”技术。在下坡和刹车等不需要电力的情况下，自行车上的发动机会自动作为发电机工作。此时，使得发电机工作的动能会通过发电机转变为电能。失去动能的自行车便无法前进，也就进入了刹车的状态。而产生的电能会被储存起来，在需要的时候则可以加以利用。

再生制动的构造

图的下半部分就是发电机（发动机）的主要部分（转动部分）。在上半部分则准备了自行车的照明灯线圈进行试验。与车轴一同转动的发电机一直在重复1到4的工作流程。在此期间，自行车一直处于刹车过程中，动能一直在减少。另一方面，线圈中有电流持续流动（红色箭头表示发电机的转动方向，深蓝色箭头表示发电机与线圈之间的刹车制动力。）

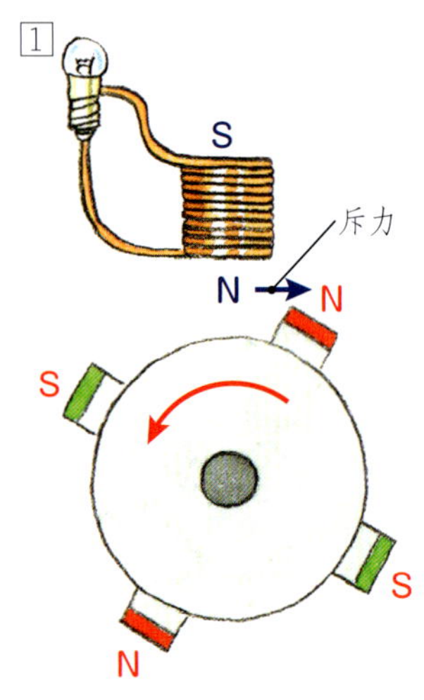

1 发电机转动会引起磁铁转动，使得N极接近线圈。这样一来磁力线会切入线圈中引发电磁感应[（▶第 109 页）产生电流，线圈靠近磁铁的一侧就会变成N极]。由于同极相斥，会产生阻止发电机转动的力。

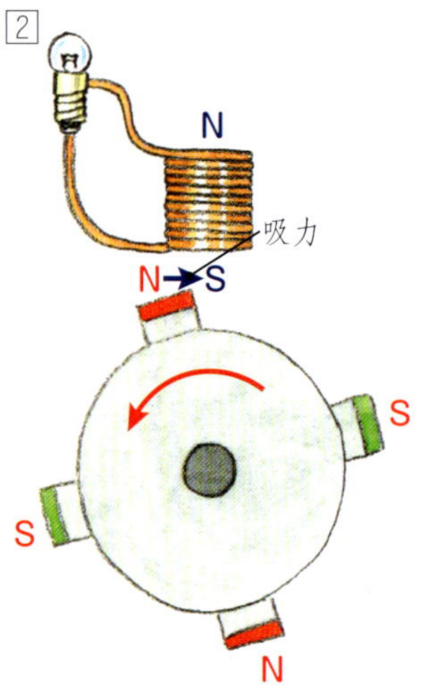

2 继续转动后磁铁的N极通过，贯穿线圈的磁力线减少，这时候线圈下方会变成S极。磁铁和电线间就有N极和S极相吸，所以会产生阻止发电机转动的力。

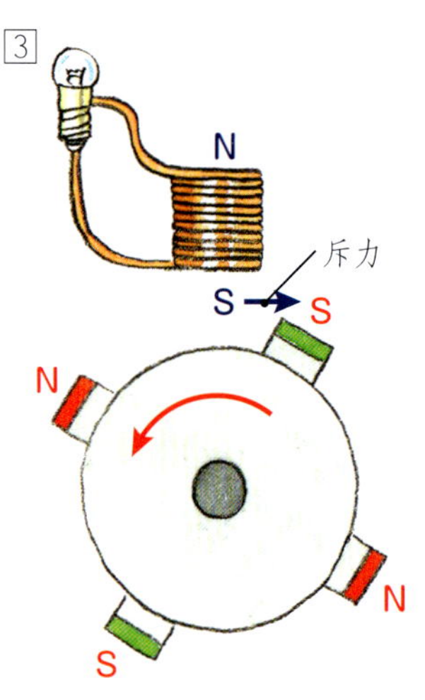

3 发电机再转动到下一个S极和线圈靠近时，电磁感应导致下方成为S极，两个S极同性相斥，所以这里也会产生阻止发动机转动的力。

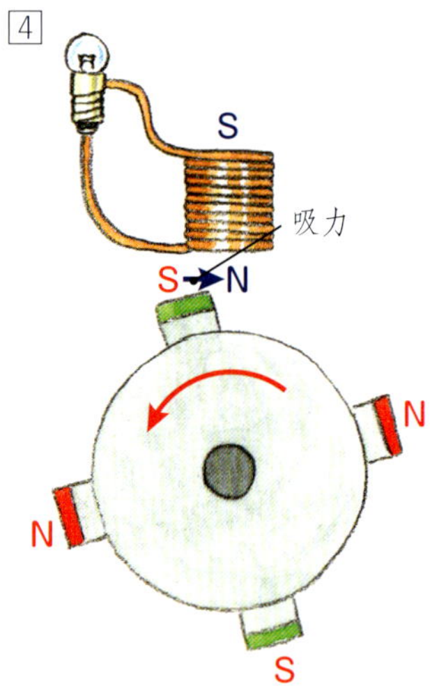

4 磁铁再转动后，线圈通过时线圈下方成为N极，与S极相吸，在后方牵拉住它。

将发动机作为发电机使用

发动机和发电机的构造基本相同。使用电力使轴转动的话就是发动机的工作模式，而与之相对的是，从外部对轴施加力（让其做功）的话，那么就会产生电（电能）。

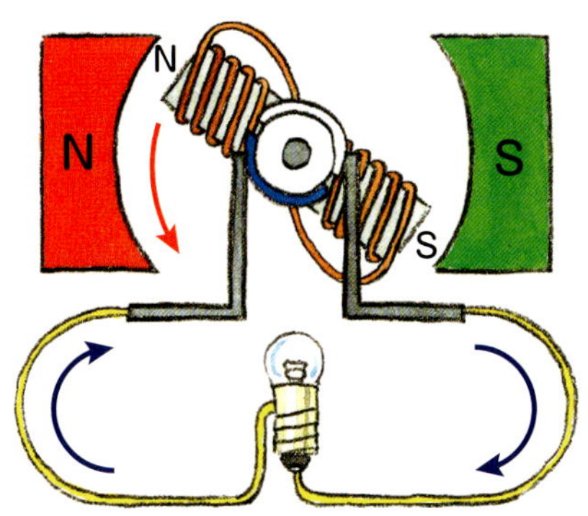

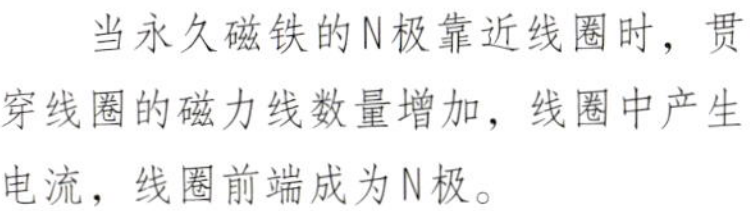
当永久磁铁的N极靠近线圈时，贯穿线圈的磁力线数量增加，线圈中产生电流，线圈前端成为N极。

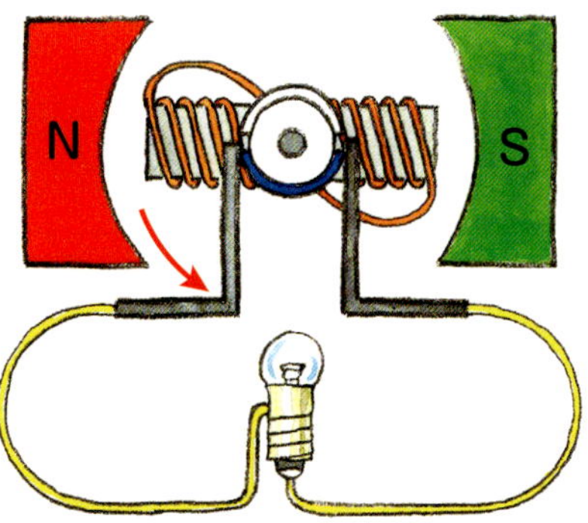

贯穿线圈的磁场数量由增加变为减少时，电流不流通。

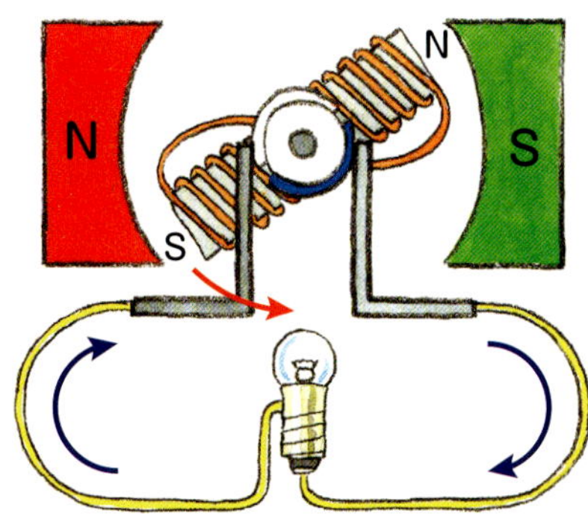

当线圈离永久磁铁的N极越来越远时，贯穿线圈的磁力线会减少，线圈中又有电流流通，线圈前端成为S极。

线圈的相反方向也有着同样的过程。将小灯替换为蓄电池再安装上去的话就能够储存电能了。

在各种各样的交通工具上的应用

■自行车

坡道多的地方，适合使用带有再生制动技术的电动助力车。下坡时再生制动会发电并对电池进行充电，上坡时则利用这些电能输入发动机来帮助车轮转动。

■电车、新干线

体积大速度快的电车和新干线在行驶时的动能很大，使用再生制动可以获得很大的能量来源。

■混合能源汽车、电动汽车

再生制动转换成的电能被储存于蓄电池中，这些电能可以用在下一次加速时。

■电梯

电梯的最上方设有滑轮，缠绕在它两端的钢丝绳的一边是载人的箱子，一边是和它重量相同的重物。电梯开始运动时是依靠发动机提速。停住时如果使用再生制动的话，可以将电梯的箱子和重物的动能转化为电能。

从启动到停车

骑着自行车先在平坦的路面行驶一会，最后攀爬坡道。此时，试着用图表示我（健太）每个阶段的力的使用情况。

一般的自行车爬坡

1 想要持续蹬车，必须要依靠能量。首先吃饱饭摄取能量是必须的。

2 出发。蹬着脚踏板将速度提升的同时动能也在增加。积蓄在体内的能量转变为动能。

3 以相同的速度在平坦的道路上行驶，动能不变，但是摩擦和空气阻力会导致一部分能量流失（流失的能量成为热能）。为了补足这些流失的部分，必须要使用到体内的一部分能量。

4 上坡时需要用力蹬车。为了不至于向下滑落，不得不使用到大量的体内能量。

5 与在平地行驶时一样，只要以相同速度行驶，上坡时自行车具有的动能不变。但只要所到位置越高，重力势能就逐渐增加。这种能量也是由身体释放出的能量转换而成。当然此时也会因为摩擦和空气阻力导致热能产生，所以必须要补偿这部分流失的能量。

6 在坡上按下刹车停车时，动能为0。损失的动能因为闸皮和车胎钢圈间、车胎和地面间等处产生的摩擦而成为热能。停止的自行车仅拥有重力势能。

电动助力自行车爬坡

电动助力自行车利用电能补足人力的一些不足。尤其在上坡时可以提供2倍于人力的电能进行辅助，实现了轻松上坡。

1 行驶时速不足24千米时，电动助力自行车会根据周围情况提供电能辅助。

2 在上坡等路况下，电动助力自行车可以提供2倍于人力的电能辅助行驶。也就是说，与普通自行车相比，骑电动助力自行车仅需要用上三分之一的力。

使交通工具行驶的能量

自行车将人力转换为能量前进。其他的交通工具大多都是将许多燃料产生的热能转化为动能前进。

能量之源

现代生活中使用的能量大部分来源于石油、煤炭及天然气。这些资源在较小体积的条件下仍然携带有大量能量，所以堆积起来可作为交通工具燃料，保证能够行驶较远距离。

汽车使用汽油

飞机使用航空煤油

轮船使用重油

电车使用电力

作为燃料燃烧时，1 升（1L）石油可以产生 38000 千焦※热能，1 千克（1kg）煤炭可以产生 29000 千焦热能，1 立方米（$1m^3$）天然气可以产生 42000 千焦热能。发动机将热能的一部分转换为巨大的动能。电车行驶时的电能就是由热能创造。

发电

在这里我们将简略地介绍火力发电厂的运行模式。火力发电厂是将煤炭、石油、天然气等作为燃料燃烧加热水，制造出高压力的蒸汽。将这些蒸汽吹至涡轮并使涡轮拥有的大量叶轮转动，引起连接涡轮的轴的前端的发电机转动后实现发电。

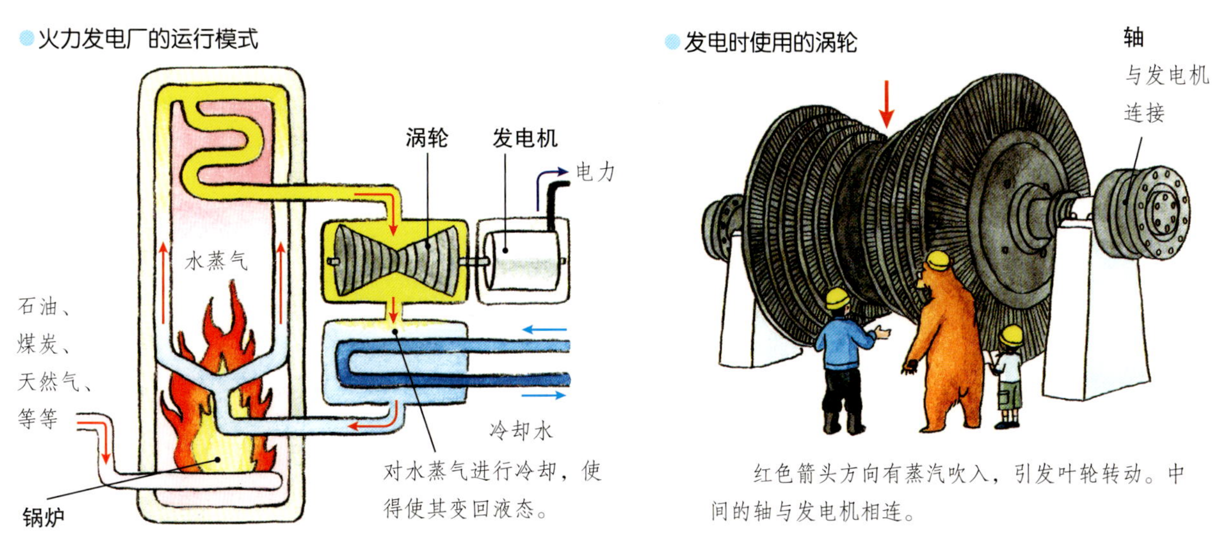

红色箭头方向有蒸汽吹入，引发叶轮转动。中间的轴与发电机相连。

※千焦（kJ）是热能的单位。▶ 第 92 页

变幻莫测的能量

骑自行车时，能量会进行许许多多种形式的“变身”。但是，能量整体的量无论何时何地，在做着什么动作都是不会产生变化的。

能量的变身

骑自行车的人对自行车施加的力会随着情况的不同而变为各种类型的能量。

最大且普遍存在的就是使自行车前进的**动能**。上坡时随着位置的增高，**重力势能**逐渐增加。而下坡时，势能则变为动能。

在平坦道路上骑行时，如果暂时不施加力，会因为车胎滚动阻力和传动损失、空气阻力等影响使得自行车速度下降。这样的阻力会变为**热能**。按下刹车时也会因为摩擦而产生热能。在昏暗处照亮前路的车头照明灯就是将自行车的动能变为了**电能**，然后则进一步变为了**光能**。

如果自行车行驶于崎岖不平的道路之上则会颠簸震动。车胎如果压过道路的隆起部分，车胎的一部分就会变扁、收缩，之后会恢复原状挤压地面。这个力被称为“弹力”，此时积蓄的能量则被称为“**弹性势能**”。弹性能量在橡胶或弹簧伸缩时被积蓄，比如坐垫的弹簧就吸收了自行车的震动，缓和了冲击。链条转动时发出的声音，装在把手处的车铃发出的声音则属于**声能**。

●变幻莫测的能量

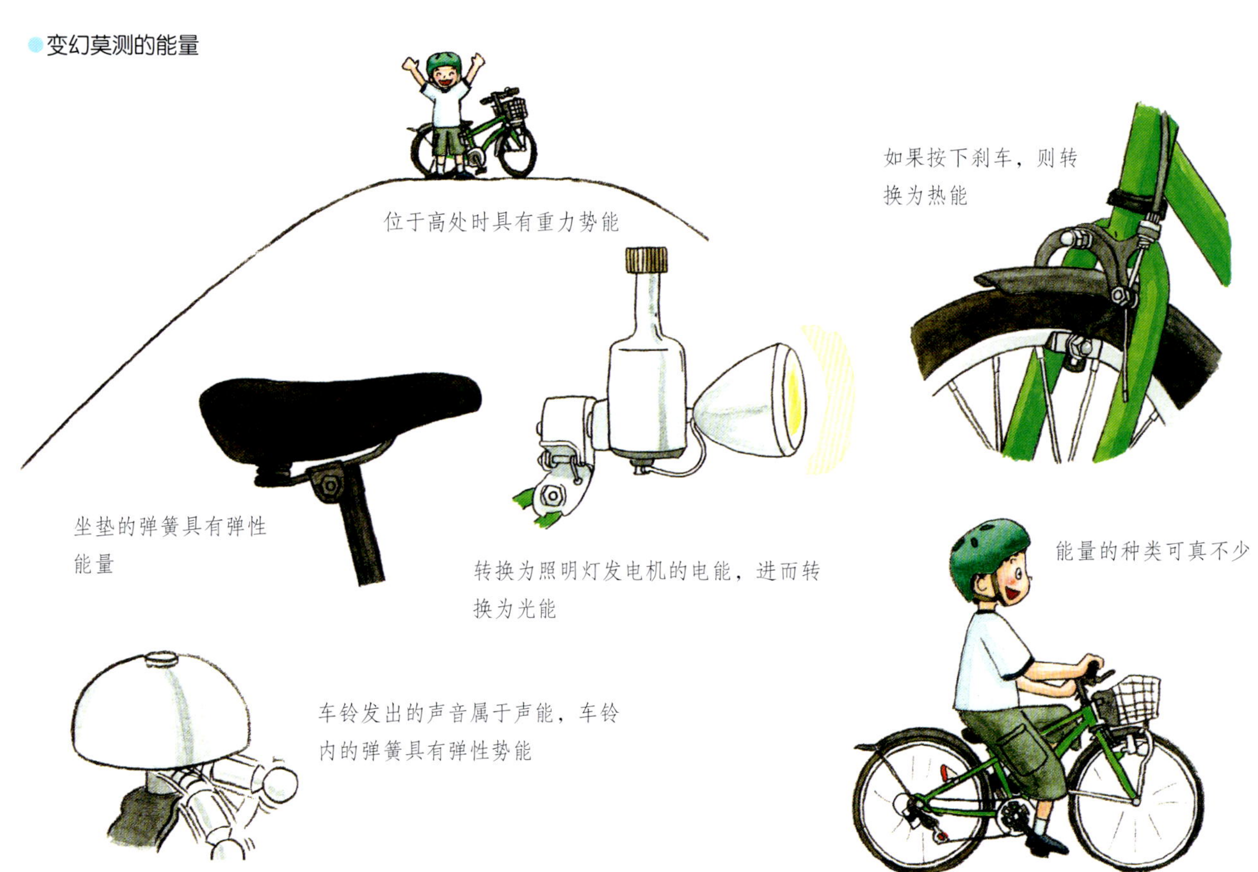

能量的总量

在右边，我们以图表的形式表示出了电动助力自行车爬坡时的能量变化。

出发前，骑乘者需要进食，在体内积蓄能量。自行车也同样需要充入电力。这二者的合计就是此时全部的能量。

在平地行驶时，动能开始慢慢增加。也出现了一点因为车胎摩擦和空气阻力产生的热能。进入上坡时，比起平地行驶时需要耗费更多能量。伴随着上坡的过程，势能也逐渐增加。在坡上停车时，动能又变为 0。势能则达到这种条件下的最大值。

正如图中所示，人的能力和电能减少的数量正好等于势能增加的值。即便能量发生了转换，整体的能量值却一直不变。这就是“能量守恒定律”。

●能量的变化

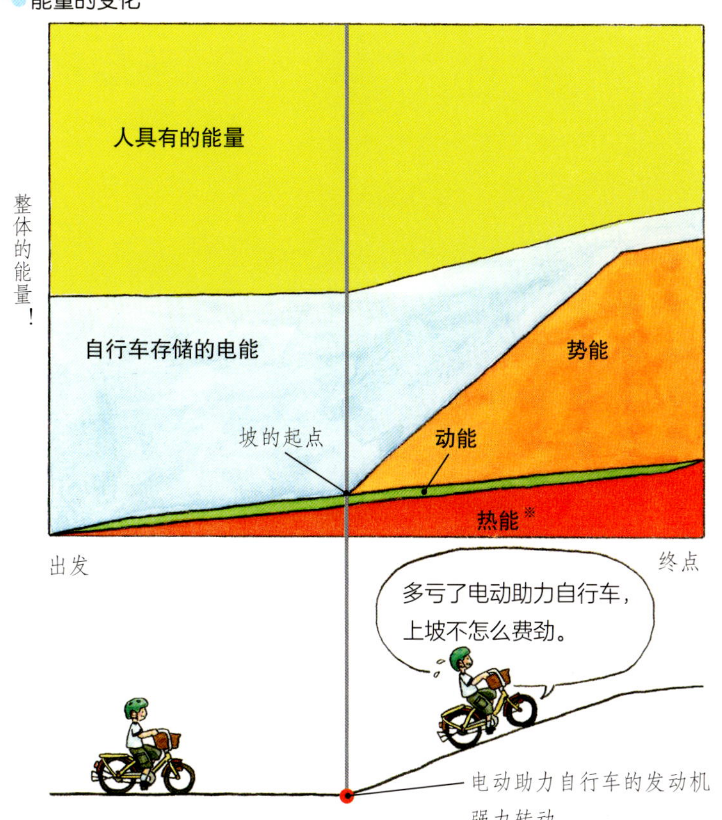

※热能以散发到周围的总和计算

需消耗多少能量？

最后有必要比较人以各种方式移动 1 千米所需的能量。自行车为单人骑乘，汽车则搭载了 5 人，喷气式客机则乘坐有 250 人。由于人数较多，所以只计算单人的量。单位则选用千焦（kJ）。

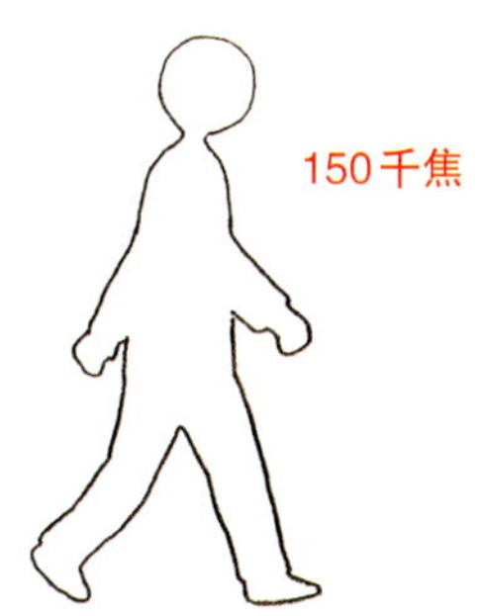

成人步行 1 公里所耗能量约为 150 千焦

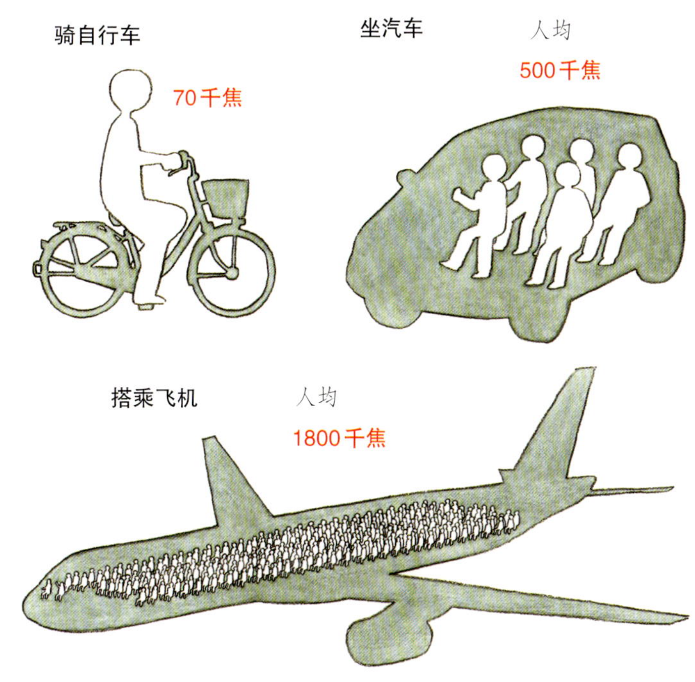

比较的结果表明，移动 1 千米所需能量最少的出行方式是骑自行车。正因为如此，骑自行车也被认为是一种健康、环保的出行方式。

致各位读者

各章节要点

第1章

单位的定义与标准

测量自行车的尺寸与重量时，需要使用到世界通用的国际单位制（SI）单位。SI的“基本单位”有表示长度的“米（m）”、表示质量的“千克（kg）”、表示时间的“秒（s）”等7类，这些单位组合后就成了“导出单位”。

比如速度的单位为“米每秒（m/s）”，即由米除以秒的形式组合而成；加速度的单位“米每二次方秒（m/s^2）”，即米除以秒的平方的形式组合而成。力的单位“牛顿（N）”则由千克乘以米除以秒的平方组合而成。

18世纪末，科学家们在欧洲大陆测量出了子午线的一部分，决定将子午线的一极到赤道长度的1000万分之1定为“1米”。并以此为标准制出了“米原器”，其作为长度的基准在生活的方方面面发挥了巨大作用。但是无论是什么物质，经过了时间变迁都会产生变化，所以现在已经不再使用米原器，而是采用“光在真空中1/299792458秒的时间内所通过的距离”这种物理现象作为米的标准定义。

而重量方面，由铂铱合金制成的“千克原器”的重量被定为1千克。制造该原器的动机则是科学家认为其重量等于1个边为10厘米（10cm）的立方体容器中装入4摄氏度（4℃）的蒸馏水，也就是1升（1L）水的质量。（现在科学界仍在考虑采用值不会变化的物理量重新定义千克）。

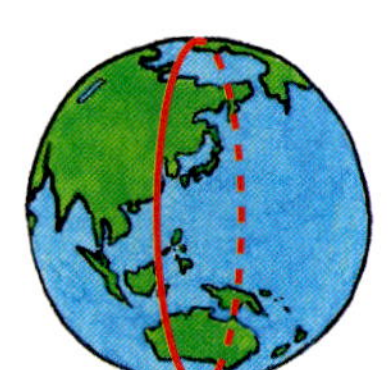

地球的
子午线
40000千米

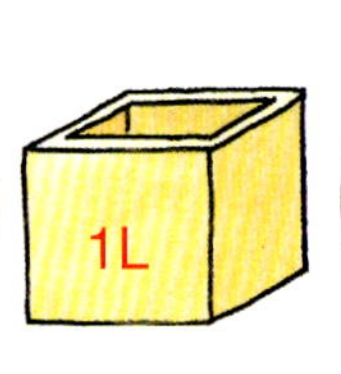

4℃的蒸馏水
1升为
1千克

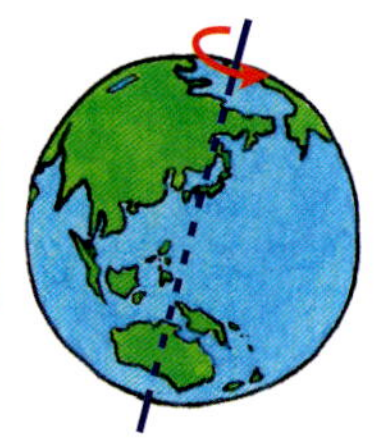

1900年的
地球自转周期为
24×60×60秒

过去1秒的定义是地球的自转周期（也就是1天）的24×60×60分之一。现在科学界使用铯原子钟测量铯133原子基态的两个超精细能阶间跃迁对应辐射的9,192,631,770个周期的持续时间，与其相等的时间则定为1秒。

对单位基准进行改变是为了使之更加精确。但是虽然过往的定义在精确度上有所欠缺，但是便于学习理解。

测定值与误差

第1章中虽然已经向各位读者介绍了自行车的全长和重量的测定结果，但是这些测定数值并非是自行车全长和重量的“真实值”，至多只能算得上是“测定值”。其实我们也无法做到测出自行车的全长和重量的“真实值”。无论列出多少数据，那都不能表示“真实值”，但是我们在日常生活中，也没有必要过分地纠结于真实值。

那么让我们试想一下，自行车全长的测定值“161cm”表示着什么意思呢？我们至少可以得出其“真实值在160.5cm到161.5cm之间”这条信息。

而且，测定值22.4cm和22.40cm的差别不仅仅在于小数点后带有几位数，而且两者表示的内容也存在差异。测定值22.4mm表示的是“真实值在22.35到22.45之间”，而测定值22.40表示的是“真实值在22.395到22.405之间”。

下图中，我们用不同的颜色表示出了各自表示的真实值范围。测定值为22.4cm表示真实值涵盖于绿色的范围之内。测定值为22.40mm时则真实值范围位于黄色区域之内。测定值

表示测定值“22.4cm”和“22.40cm”表示的范围

22.4										
22.35	22.36	22.37	22.38	22.39	22.40	22.41	22.42	22.43	22.44	22.45

的小数点后只要增加1位数，误差的幅度就缩减到十分之一，测定精度也就提升了10倍。

第2章

惯性参照系与运动方程式

比如电车笔直地在轨道上匀速行驶时，车内的空气也以相同的速度做着直线运动。如果乘坐电车的人以自身为基准，置于架子上的行李就像是处于静止状态。如果架子上的行李掉落，在电车车厢内看上去就掉在了正下方。往正上方扔出的皮球，也会掉落在正下方。

但是轨道边的人朝着电车中看的话，会发现掉落的行李向着电车的前进方向边向前边掉落。扔出的皮球也看起来也沿着抛物线轨迹向前后掉落。

像上述例子中所述的进行匀速直线运动空间和静止的空间（这两个空间被称作“惯性参照系”）中，牛顿的第2定律成立。针对孩子们的内容中虽未涉及，但其定义为“受力的物体会在这个作用力的方向上产生加速度，加速度a的大小跟作用力F的大小成正比，跟物体的质量m成反比”。

加速度a表示的是单位时间的速度变化（单位为m/s^2），质量m表示的是物体加速的难度（单位为kg）。为了使得力的单位“牛顿（N）的比例系数为1，所以1N的定义为“使质量1kg的物体产生1m/s^2的加速度所需的力”。

使用以上的单位计算的话，就能使用a=F/m或如果力F为0，则加速度也为0。这个公式表示的意思就成为了“如果物理没有受到力的作用，那么该物体处于静止或者在匀速直线运动之中”。

电车的前进方向

电车的前进方向

上图是在行驶的电车中看到架子上行李掉落的情况。如果在轨道旁边看到的话，所见情形则如下图所示。

★ ★

电车急刹车时乘客会向前倾倒，紧急前进时则会向后退。方向如果产生变化，“虚拟力”会起作用。像这样非匀速状态时，电车中并非是惯性参照系，乘客会受到离心力这样的虚拟的力的影响。骑自行车时也与乘坐地铁一样。如果骑乘自行车的方向改变，则骑乘者身上又有离心力在起作用。

自行车与离心力

自行车在行驶时不会倾倒的理由之一就是离心力。让我们对离心力的有关知识进行一番梳理吧。离心力与质量m及速度v的2次方成正比，与旋转半径r成反比，是向着旋转的外侧的作用力。

离心力$F = mv^2/r$

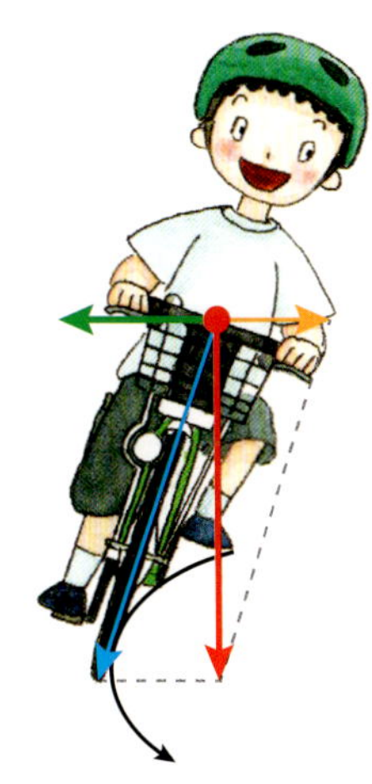

想改变自行车前进方向时，需要将车身向着想要前进的方向倾斜。重力（红色箭头）此时分为车身方向（蓝色箭头）和水平方向（橙色箭头）两部分。车身方向的力由地面支撑。水平方向的力朝向旋转的内侧，产生了向内侧倾倒的趋势。但只要有朝向外侧的离心力（绿色箭头）与其抵消，就不会倾倒，而是沿着黑色箭头进行圆周运动。图中所表示的离心力较大（绿色箭头较长）。此时，人和自行车会受离心力影响而被牵拉扶起。

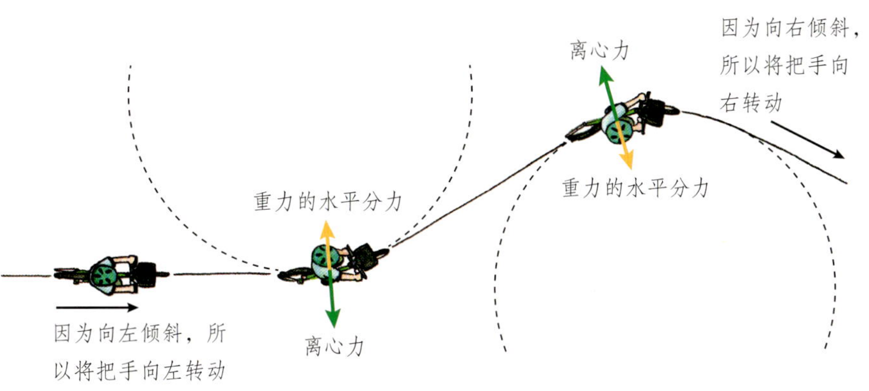

缓缓行驶的自行车可以作幅度不大的左右摆动，保持一定距离的曲折行驶。上一页的下图表示的含义如下：

①从左侧方向缓缓行驶的自行车，略向左边倾斜。

②把手向左转动，沿着圆周行驶，离心力起作用，自行车被牵拉扶起。

③接下来略微向右倾斜。

④通过向右转动把手实现了圆周转动，依靠离心力作用，自行车被牵拉扶起。

——这就是自行车左右摆动的细节。

第 3 章

力矩与驱动力

以某个固定的转动轴为中心，转动轴周围的作用力的物理量就是“力矩”。另外，自行车和汽车的轮胎为了向前行驶而对路面施加的压力就是“驱动力”。

自行车对轮胎施加的力矩（力的物理量）经过齿轮和链条成为了后轮的驱动力。

蹬脚踏板的力设为P，曲柄的长设为l时，曲柄轴周围的力矩大小就是Pl（根据杠杆原理，力与长度的积）。同理，如果将大齿轮的半径设为rc，则大齿轮使得链条转动时的力为Pl/rc。这个力又经由小齿轮转动。此时如果将小齿轮的半径设为rf，则小齿轮上产生的力矩大小为（Pl/rc）×rf。所以后轮的驱动力，可以用小齿轮上产生的力矩大小除以后轮的半径R求值。

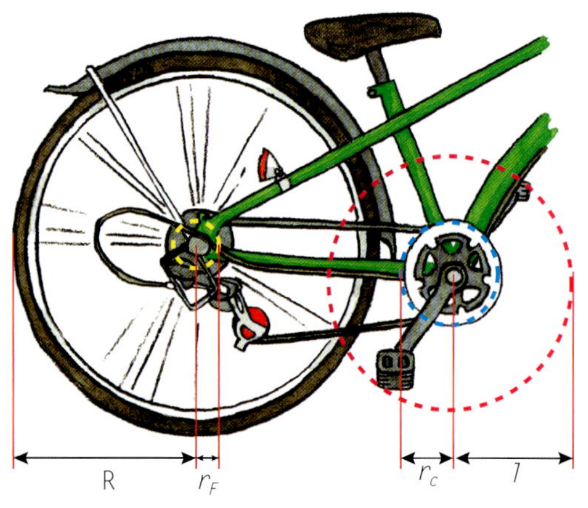

$$\text{驱动力}=\frac{\text{蹬脚踏板的力}\times\text{曲柄长度}}{\text{大齿轮的半径}}\times\frac{\text{小齿轮的半径}}{\text{后轮的半径}}$$

$$=\text{蹬脚踏板的力}\times\frac{\text{曲柄长度}}{\text{后轮的半径}}\times\frac{\text{小齿轮的半径}}{\text{大齿轮的半径}}$$

$$=\text{蹬脚踏板的力}\times\frac{\text{曲柄长度}}{\text{后轮的半径}}\times\frac{1}{\text{齿轮比}}$$

自行车的马力

下表是我们汇总的一些与自行车性能有关的词汇：

词汇名称	定义	公式	单位
力	推动物体•牵引力	力	N
力矩（力的物理量）	使物体旋转的作用	力×长度	N m
功	使被施加力的物体移动	力×距离	Nm=J
能量	物体具有的做功的能力	力×距离	Nm=J
动力（功率）	1秒间的做功量	力×距离/时间	J/s=W

最后的一项“动力（功率）”就是我们经常提到的马力。人类长时间连续工作状态下的做功的功率大约在100 W左右。1马力等于736 W，所以100 W就等于0.136马力。

自行车的功率其实就是“蹬脚踏板的力×1秒间脚踏板移动的距离”，如果圆周率由π表示，则可以得出以下等式。

功率（W）=2π×力矩（Nm）×转动数（rpm）/60

力矩为对脚踏板施加的力乘以曲柄的长度。转动数就是1分钟内蹬脚踏板的次数。

如果曲柄长度为0.17m，转动数为70（rpm），而做功的功率大约在100 W时，为使自行车前进，人需要付出多大的力呢？计算方法和具体数值如下所示。

$$100=2\pi\times(\text{对脚踏板施加的力})\times0.17\times70/60$$

$$\text{对脚踏板施加的力}=\frac{100\times60}{2\pi\times0.17\times70}=80.3\text{N}$$

在日本国内，做功的功率的标准为：250cc的摩托车最大为45马力（约为3万3000 W），轻型汽车最大为64马力（约4万7000 W），普通轿车最大为280马力（约20万W），现在也有着放宽限制的趋势出现。

第 4 章

运动量与冲量

“运动量”表示的是运动的物体的状态，是质量与速度相

乘而得。如第72页的介绍中，

我们可以体会到物体具有的运动量在日常生活中就是表示使运动的物体停止的难度。也就是说，物体越重及运动速度快的话，其具有的运动量也十分大。为了使其停稳，则需要用到较大的“力积”，（力和力的作用时间）。而且“物体的运动量变化等于变化间物体所受的力”。

质量为m（kg）的物体在t秒间（s）力F（N）在起作用，使得物体速度从v_A变化到v_B时（如下图所示），下列等式成立。

mVB--mVA=*F*・*t*

这个等式表明，“只要没有对物体施加力必要的力，运动量就不变”。

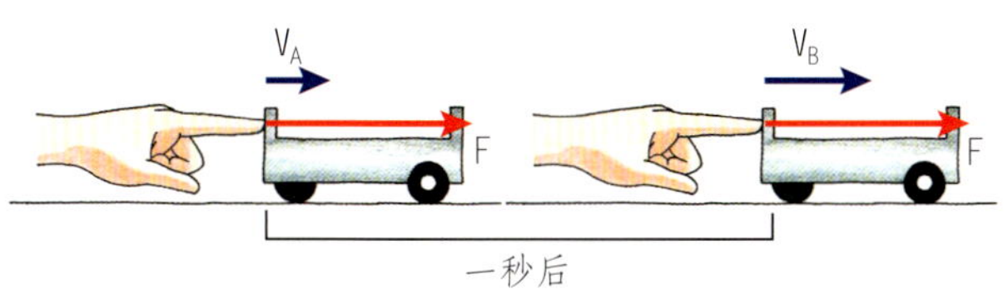

惯性矩与角速度

表示绕着转动轴周围转动的物体保持转动的状态的“转动惯性”的量就是“惯性矩”。其作为与物体“运动”时需要考虑到的“质量”相对应的量，可以用如下算式表示。

转动的物体由质量m_1、m_2、……m_n这样的n个小部分构成，它们各自距离转动轴的距离分别为r_1、r_2……rn的话，惯性矩则为

$m_1r_1^2+m_2r_2^2+\cdots\cdots m_nr_n^2$

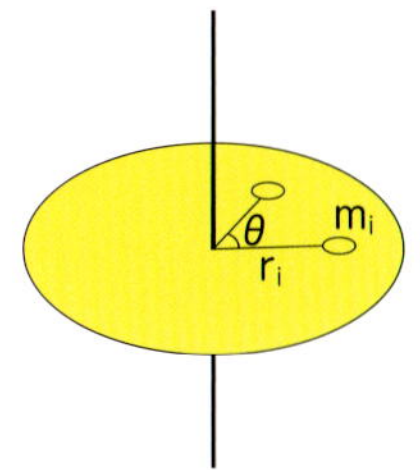

再从别的角度来看相同的事物吧。无论哪个部分在一定时间t（s）内只能绕着转动轴周围转动相同大小的角度θ（弧度）（角度1弧度，大约相当于57.3度）。根据1秒间转动角度表示转动速度就是角速度w（弧度/s）。角速度w（弧度/s）的算式如下。

$w=\theta/t$

角动量守恒定律

花样滑冰选手在做快速旋转动作时，将双手立起、双臂伸展时旋转速度会更快。这样的加速并非是由外界施加了力，那么又是为什么会产生这样的加速效果呢？

表示转动物体的状态的量为“角动量”。角动量给人的感觉就是“使得转动的物体停止的难度”，其数值等于惯性矩I乘以角速度w，即Iw。

立起手腕可以使得惯性矩变小的同时使得角速度变大，所以旋转会加快。

此时选手的角动量的值已与是否立起手腕无关，而是不会改变。“只要不对物体施加力的力矩，角动量不变”，这就是“角动量守恒定律”。

第5章

匀加速直线运动

如第85页所介绍的那样，以同样大小的力持续蹬自行车的话，自行车的速度会逐渐增加。我们试着将第85页的表的“正常施力时（设为1）”的情况做成了柱状的图表。

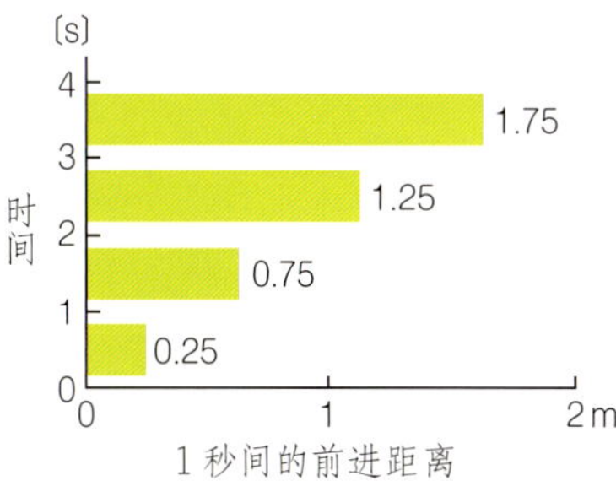

1秒间的前进距离为横轴，时间为纵轴，每秒速度会增加0.5米每秒（0.5m/s），加速度则为0.5米每平方秒。健太和自行车的质量总和为47千克的话，自行车的前进力F如下所示。

F=ma=47 × 0.5=23.5N

骑自行车时，加速车轮转动的力远远不如使得自行车整体前进的力大，几乎可以忽略不计。

功与能量

能量本来就是“表示做功能力的量”，与“功”关系密切。这里提及的“功”并非是我们日常生活提及的“工作”范畴，而是比之更狭义的“对物体持续施加力”的涵义。第85页中的图中，健太以23.5N的力使自行车前进了4m，所以做功量为23.5(N)×4(m)=94(J)。

移动方向与被施加的力的方向并不一定一致，可能产生如下几种情形。

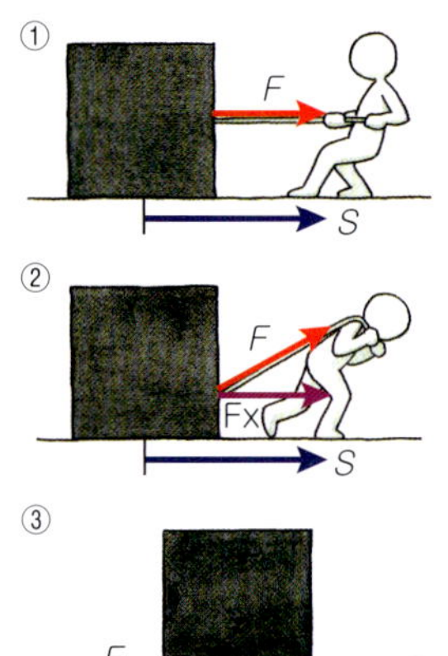

施加水平的力F[N],移动距离为S[m]时所做的功[W]为：

$W=FS$[J]

施加倾斜向上的力F[N],计算移动距离为S[m]时所做的功[W]需要考虑到水平方向的分力F_X，即：

$W=F_XS$[J]

物体移动一段距离S[m]的期间产生摩擦力F时，力的移动方向与前进方向相反，所以：

$W=-FS$[J]

试着思考图①中产生摩擦和不存在摩擦的情形吧。有摩擦的面上的物体持续缓缓运动，从某个位置开始移动一段距离S，如果速度不变，那么功W=FS全部变为热能。这是因为以相同速度移动时，动能的大小不变。在没有摩擦的面上持续牵拉物体的话，速度会逐渐加快。所做的功W=FS全部变为动能，一旦松手，物体就会以此时的速度运动。

力学中的能量守恒

某个物体具有的动能和势能之和被称为“力学能”。

质量为m（kg）的物体以速度v（m/s）运动时，该物体具有的动能K可以用$K=\frac{1}{2}mv^2$[J]计算。

质量为m（kg）的物体位于高度h（m）时，这个物体具有的势能U可以用$U=mgh$[J]的公式进行计算（g为重力加速度9.8m/s^2）。

物体运动期间，如果不受重力以外的力影响而做功的话（就是忽略摩擦力和空气阻力的情况），动能和势能的和不变。这就是“力学中的能量守恒定律”。

第6章

为什么自行车是绿色环保的交通方式

21世纪，我们人类需要直面的一个问题就是地球变暖。对于石油这类的化工品进行大量使用时的大气中碳酸气体的浓度上升，现在已经探明的是温室效应已经导致地球的平均气温持续上升。

人移动时必需的能量，根据人的移动方式改变。

制造方法	1人移动1kg所需的能量（kJ）
自行车	70
徒步	150
汽车	500
公共汽车	170
列车	170
飞机	1800

上表是对第117页的最后介绍的图中的值进行了汇总，仅仅表示上述各种交通方式由多人乘坐时，1人移动1千米所使用的能量的数值。

从该表中可以知道，铁路和公共汽车这样的公共交通方式的能量效率很高。而且最近电动自行车也在普及之中。但是即便如此，利用电力行驶还是要依赖火力发电，所以使用化石燃料的情况并无显著改变。

而自行车利用的是人力驱动，比步行快出不少却不消耗化石能源，也可以在一定距离之内实现快速移动。与公共交通方式载人相比，自行车的能量效率更佳，而且不使用化石燃料，确实是属于环境友好型的一种交通方式。

在欧洲，利用自行车的价值被许多国家所倡导，他们在各地修建了自行车专用车道及停车场。在车站和街角都预备了车站，不少地方可以很方便地实现自行车的租赁和归还。

在日本，如果我们能在感受四季变迁的同时继续推广骑自行车这种出行方式，想必大家都能更好地在生活中享受到骑行的乐趣。

词汇索引

■作者和画师简介

大井喜久夫

理学博士。毕业于东京教育大学物理系。先后担任御茶水女子大学助教、早稻田大学理工学院物理系教授，现任早稻田大学名誉教授。译著有《玻璃中蕴含的物理知识》（共立出版株式会社），并与他人合著《力的辞典》（岩崎书店）。

大井操

理学博士。毕业于御茶水女子大学理科学院物理系。先后担任计量研究所（现产业技术综合研究所）主任研究官、东京学艺大学教授，现任东京学艺大学名誉教授。与他人合著《单位的手册》（新生出版有限会社）、《镭射入门》（共立出版株式会社）、《力的辞典》（岩崎书店）等等。

铃木康平

毕业于自由学园最高等学院。后攻读早稻田大学研究生，获得理工学研究科物理学硕士学位。在神奈川县立高中工作12年之后，至今一直担任自由学园高等系教师。曾参与NHK教育电视节目“试试看吧，无所不在的实验”，共同监制“哆啦A梦的科学世界：光与声音的不可思议”（小学馆）。

板谷聪

1999年、2002年，其作品分别入选意大利·博洛尼亚国际绘本原画展。著有绘本《马大哈在找的东西》《Grosser Bar & Kieiner Bar》等等，插图被《汤姆·索亚送来的礼物》《大家一起来玩吧：一起创造24的游戏》《龙来到了教室！》《月光故事集》《传达日本之心：一年中传统节日辞典》等书籍选用。

图书在版编目（CIP）数据

自行车的物理学 / (日) 大井喜久夫等著；高远，蒋莉译. -- 南昌：江西人民出版社，2017.6（2022.7重印）

ISBN 978-7-210-09285-8

Ⅰ. ①自… Ⅱ. ①大… ②蒋… ③高… Ⅲ. ①自行车—物理学 Ⅳ. ①U484.01

中国版本图书馆CIP数据核字(2017)第069103号

JITENSHA NO NAZE-BUTSURI NO KIHON!

Text by Kikuo OI,Misaho OI and Kohei SUZUKI

Illustrations by Satoshi ITAYA

Copyright©2015 by Tamagawa University Press

First published in Japan in 2015 by Tamagawa University Press, Tokyo

Simplified Chinese translation rights arranged with Tamagawa University Press

through Japan Foreign-Rights Centre/Bardon-Chinese Media Agency

本书中文简体版权归属于银杏树下（北京）图书有限责任公司

版权登记号：14-2017-0189

自行车的物理学

作者：[日]大井喜久夫　大井操　铃木康平　译者：高远　蒋莉　责任编辑：冯雪松

出版发行：江西人民出版社　印刷：天津图文方嘉印刷有限公司

889毫米 ×1194毫米　1/16　8印张　字数212千字

2017年6月第1版　　2022年7月第6次印刷

ISBN 978-7-210-09285-8

定价：88.00元

赣版权登字-01-2017-254

后浪出版咨询(北京)有限责任公司　版权所有，侵权必究

投诉信箱：copyright@hinabook.com　fawu@hinabook.com

未经许可，不得以任何方式复制或者抄袭本书部分或全部内容

本书若有印、装质量问题，请与本公司联系调换，电话010-64072833